COUVERTURE SUPERIEURE ET INFERIEURE
EN COULEUR

FACULTÉ DE DROIT DE PARIS

THÉORIE GÉNÉRALE

DES

PRÉSOMPTIONS LÉGALES

EN DROIT PRIVÉ

THÈSE POUR LE DOCTORAT

L'ACTE PUBLIC SUR LES MATIÈRES CI-DESSUS
sera soutenu le samedi 25 mai 1895, à 10 heures.

PAR

Gustave ARON

Avocat à la Cour d'appel
Lauréat de la Faculté de Droit de Paris

Président : M. LYON-CAEN, *professeur.*
Suffragants { MM. LÉON MICHEL, *professeur.*
MASSIGLI, *professeur.*

PARIS
A. PEDONE, ÉDITEUR
LIBRAIRE DE LA COUR D'APPEL ET DE L'ORDRE DES AVOCATS
13, RUE SOUFFLOT, 13

1895

THÈSE

POUR

LE DOCTORAT

FACULTÉ DE DROIT DE PARIS

THÉORIE GÉNÉRALE

DES

PRÉSOMPTIONS LÉGALES

EN DROIT PRIVÉ

THÈSE POUR LE DOCTORAT

L'ACTE PUBLIC SUR LES MATIÈRES CI-DESSUS
sera soutenu le samedi 25 mai 1895, à 10 heures.

PAR

Gustave ARON

Avocat à la Cour d'appel
Lauréat de la Faculté de Droit de Paris

Président : M. LYON-CAEN, *professeur.*
Suffragants { MM. LÉON MICHEL, *professeur.*
MASSIGLI, *professeur.*

PARIS
A. PEDONE, ÉDITEUR
LIBRAIRE DE LA COUR D'APPEL ET DE L'ORDRE DES AVOCATS
13, RUE SOUFFLOT, 13

1895

A MON PÈRE

A MA MÈRE

PRÉFACE

Nous voudrions dire en quelques mots le but que nous avons poursuivi en écrivant cette étude et justifier le plan que nous avons adopté.

Evidemment nous ne pouvions pas avoir la prétention d'écrire un traité complet des présomptions légales. Il y en a quelques-unes tellement importantes qu'elles pourraient à elles seules faire l'objet d'un traité spécial. La présomption de l'article 312 pour ne citer qu'un exemple, serait suffisante pour fournir la matière d'un important volume. Les différentes présomptions légales, d'ailleurs, sont étudiées en détail avec toutes les questions qu'elles soulèvent dans les ouvrages un peu étendus de droit civil et nous n'aurions fait que répéter ce que d'autres avaient déjà dit avant nous. Mais ce qu'on ne trouve pas chez les commentateurs du Code civil, c'est la théorie générale qui domine la matière des présomptions légales. Ils se bornent à expliquer les quelques textes que le Code leur consacre au chapitre des preuves puis ils renvoient pour le détail aux différentes présomptions qu'ils étudient en leur lieu et place.

Or ces quelques textes (art. 1349 à 1352) ne contiennent pas moins de quatre sortes de dispositions juridiques différentes : 1º les présomptions légales véritables ; 2º des modes généraux de preuve : l'aveu et le serment ; 3º un principe de droit absolu : l'autorité de la chose jugée ; 4º enfin les présomptions de l'article 1352, § 2, qui correspondent aux présomptions *juris et de jure* de l'ancien droit. Les interprètes du Code civil, s'en tenant à ces textes sans demander aux choses elles-mêmes le secret de leur nature, ont étudié sans les distinguer suffisamment les unes des autres, les diverses institutions juridiques réunies par le Code dans la section des présomptions. De plus la jurisprudence a fait encore intervenir la notion de présomption légale dans une foule de dispositions tout à fait étrangères à cette matière ; si bien qu'au milieu de ce flot envahissant de fausses présomptions il est devenu très difficile de retrouver la conception exacte, la véritable nature des présomptions légales au sens technique. C'est cette notion que nous voulons rétablir. Nous voulons mettre en lumière les caractères principaux qui différencient de toutes les autres dispositions juridiques les présomptions légales. Ce point établi nous montrerons comment les présomptions légales se distinguent de toutes les fausses présomptions avec lesquelles on les a confondues. Puis nous expliquerons pourquoi ces erreurs et ces confusions se sont produites et nous en montrerons la source en faisant l'histoire des présomptions légales. Nous étudierons enfin quels sont les effets des présomptions légales.

Ces quatre points feront l'objet de quatre chapitres. Ils seront précédés d'une introduction et suivis d'une conclusion : la première consacrée à des notions générales sur la preuve directe et la preuve indirecte, la seconde à l'examen de la valeur législative des présomptions légales.

Ce travail comprendra donc les divisions suivantes :

Introduction — Preuve directe et preuve indirecte.

Chapitre I. — Principes généraux sur la nature et les effets des présomptions légales.

Chapitre II. — Les présomptions légales dans la doctrine et la jurisprudence.

Chapitre III. — Histoire des présomptions légales.

Chapitre IV. — Effets des présomptions légales.

Conclusion. — Valeur en législation des présomptions légales.

INTRODUCTION.

Preuve directe et preuve indirecte.

1. On peut prouver un fait de deux manières : directement, c'est-à-dire à l'aide d'un fait probatoire qui s'adapte exactement au fait à prouver, et indirectement en s'appuyant sur un fait distinct de celui qui est inconnu mais qui, grâce à un raisonnement, dissimulé ou apparent, conduit à la connaissance de ce dernier, Ce dernier procédé est nécessaire lorsqu'une impossibilité matérielle ou morale met obstacle à l'emploi du premier, mais nous l'employons aussi fréquemment et sans nous en douter, dans des hypothèses où la preuve directe serait possible.

2. Ainsi, sans voir tomber la pluie, nous disons qu'il pleut quand nous voyons des parapluies ouverts ; ainsi nous jugeons de la fortune des gens par le train de vie qu'ils mènent. Ainsi, dans l'impossibilité de reconnaître l'aptitude individuelle des

gens qui veulent exercer certaines professions requérant des connaissances spéciales, l'État exige d'eux l'obtention de certains diplômes. De même enfin, en ce qui concerne l'impôt des patentes, les diverses classes en sont fixées d'après des preuves indirectes, chiffre de la population, valeur locative de la maison d'habitation, des magasins, etc. On voit très facilement que dans ces divers cas, les faits qui servent à la preuve ne s'appliquent pas directement aux faits à prouver, qu'il faut faire intervenir le raisonnement pour conclure des uns aux autres, et qu'enfin, tandis que dans les premiers cas la preuve directe serait possible, elle ne le serait pas dans les deux autres.

3. *Les Présomptions* ne sont pas autre chose que les preuves indirectes appliquées à la recherche de la vérité en justice. Elles s'opposent aux preuves directes à qui on réserve le nom de preuves proprement dites.

4. L'article 1349 définit les présomptions « des conséquences que le juge ou la loi tire d'un fait connu à un fait inconnu ». Cette définition est empruntée à Domat (1) qui marquait encore d'une façon plus nette le caractère véritable de la présomption en disant qu'elles étaient des conséquences tirées d'un fait connu « *pour servir à la preuve* » d'un fait inconnu.

1. Domat, *Lois civiles*, liv. 3, tit. 6, sect. 4, art. 1.

Il y a donc deux sortes de présomptions : les présomptions du juge ou *présomptions de l'homme* et les présomptions de la loi ou *présomptions légales*. Les unes et les autres diffèrent des preuves proprement dites en ce que tandis que dans celles-ci le fait probatoire s'applique directement au fait à prouver, dans celles-là au contraire le fait qui sert à la preuve ne s'applique qu'indirectement, à l'aide d'un raisonnement, au fait inconnu.

5. Supposons un individu accusé d'un crime. La seule preuve directe possible contre lui est l'affirmation, par des témoins dignes de foi, qu'ils ont vu l'accusé accomplir son forfait : en l'absence de cette preuve sa culpabilité ne pourra être établie, et ce sera le cas le plus fréquent, que par des preuves indirectes, des présomptions. La possession par le débiteur d'une quittance en règle prouve directement qu'il a payé sa dette ; le fait qu'il possède entre les mains le titre qui constatait le droit du créancier n'est qu'une preuve indirecte, une présomption de libération (article 1282, Code civil).

6. Les présomptions interviennent d'ailleurs dans deux groupes de cas ; soit quand la preuve directe est possible ainsi qu'il résulte des exemples que nous venons d'indiquer, soit pour remplacer la preuve directe dans les hypothèses où elle est impossible. Ainsi la preuve directe de la paternité n'étant pas possible,

la loi a établi par une présomption légale que l'enfant conçu pendant le mariage aurait pour père le mari de sa mère.

7. On ne distingue généralement la preuve directe et la présomption qu'à l'aide du critérium purement pratique que nous venons d'indiquer. On dit que le procédé logique qui intervient dans les deux sortes de preuve est le même, qu'il y a une induction à la base de l'une et de l'autre, que la seule différence qui les sépare consiste en ce que l'induction est beaucoup moins apparente dans un cas que dans l'autre, qu'elle est si rapide dans la preuve directe qu'on ne la voit pour ainsi dire pas. Nous croyons que c'est une erreur, que le procédé logique qui intervient dans les deux cas est absolument distinct dans les deux modes de preuve et qu'il n'y a pas d'induction dans la preuve directe.

8. En effet, quand je conclus du récit d'un témoin relatant un fait à la réalité de ce fait, d'un écrit constatant un acte juridique à l'existence de cet acte, le troisième terme que je fais intervenir c'est simplement une idée de raison, un principe d'évidence qui est la condition même de la vie, à savoir que nous avons la faculté de voir ce qui se passe devant nous, et que si nous entendons un homme affirmer que telle chose a existé (bien entendu si cet homme est digne de foi), nous devons nous conduire comme si

ce fait existait, comme si nous le voyons s'accomplir devant nos yeux. De même si on présente au juge un écrit constatant une vente et qui est reconnu par les parties, il ne peut pas soulever la question de l'existence de la vente. En un mot, dans un cas, le fait à prouver est contenu dans le fait probatoire ; celui-ci étant donné, l'autre en découle nécessairement ; il n'y a pas là d'induction : il y a une déduction.

9. Au contraire, un raisonnement par induction est nécessaire pour nous faire apercevoir dans la preuve indirecte la relation qui existe entre le fait qui sert à la preuve et le fait inconnu. Si je conclus de la remise du titre à la libération du débiteur, c'est en faisant intervenir le raisonnement suivant : le créancier ne se serait pas défait de son titre s'il n'avait pas été désintéressé ou s'il n'entendait pas faire remise gratuite de la dette à son débiteur. Si je conclus du refus d'un individu de me dire l'emploi de son temps pendant la journée où a été commis le crime dont il est accusé à sa culpabilité probable, c'est parce que j'estime qu'il est inadmissible qu'un honnête homme, sous le poids d'une accusation, hésite, pour se disculper, à donner l'emploi de son temps pendant une journée. On voit qu'ici l'idée intermédiaire qui unit le fait connu et le fait inconnu n'est plus une idée de raison mais une idée d'obser-

vation, d'expérience. Elle ne constitue d'ailleurs qu'une probabilité comme toutes les observations fournies par les lois de la nature morale et par suite la relation qui existe entre le fait connu et le fait inconnu n'est non plus qu'une relation probable. Ainsi déduction dans un cas, induction dans l'autre ; probabilité ici et nécessité là : on voit donc qu'il y a entre les deux modes de preuve une différence de nature aussi caractérisée que possible.

10. Cette distinction entre la preuve directe et la preuve indirecte a-t-elle été faite par le Code civil ? On l'admet très généralement et on la prétend trouver dans l'article 1316. Cet article mettant à part les présomptions et les autres modes de preuve distinguerait, dit-on, les preuves directes et les preuves indirectes. Nous ne croyons pas que cette théorie soit exacte. D'une part, en effet, le Code a rangé dans l'article 1350 l'aveu et le serment au nombre des présomptions légales et il est peu admissible qu'il se soit ainsi contredit à quelques pages de distance. D'autre part, et surtout, la distinction de la preuve directe et de la preuve indirecte est indépendante des modes de preuve dont on se sert. Elle ne concerne que l'opération de l'esprit qui dans les deux cas conduit du fait probatoire au fait à prouver, sans avoir égard à la façon dont a été fourni ce fait probatoire. C'est ainsi qu'un témoignage peut constituer

une preuve directe ou indirecte suivant que le fait auquel il s'applique s'adapte ou non au fait à prouver. Il en est de même d'un écrit invoqué pour servir de preuve. La disposition de l'article 1316 peut s'expliquer très simplement en considérant qu'il contient l'énoncé des matières dont le Code va parler dans les sections suivantes. L'article 1316 indique des têtes de chapitre. Le Code a employé là un procédé tout naturel dont il a usé à d'autres endroits. Aussi l'article 546 qui pose le principe du droit d'accession contient également l'intitulé des deux chapitres qui suivent.

11. L'aveu et le serment sont-ils, comme le dit le Code, des présomptions ? Évidemment non. Ils constituent des preuves aussi directes que possible puisqu'ils contiennent l'affirmation, sous certaines conditions, du fait à prouver.

12. Terminons ces considérations générales par une remarque importante : dans le langage courant on appelle également présomption le fait connu qui sert de preuve au fait inconnu et l'idée intermédiaire, la probabilité, qui les unit l'un à l'autre.

Ainsi l'on dit que la remise du titre est une *présomption* de libération parce qu'il y a une *présomption* que le créancier ne se serait pas défait de son titre s'il n'avait pas été désintéressé. On dit que la conception pendant le mariage est une *présomption* de la paternité du mari parce qu'il y a une présomption que la femme est fidèle. Cette confusion dans les mots a entraîné une confusion dans les idées, et nous verrons qu'elle a été dans notre matière la source d'un nombre considérable d'erreurs.

CHAPITRE I

PRINCIPES GÉNÉRAUX SUR LA NATURE ET LES EFFETS
DES PRÉSOMPTIONS.

14. Nous venons de donner une idée générale de
la présomption, ou plutôt de la preuve indirecte par
opposition à la preuve directe.

Dans ce sens il n'y avait pas à distinguer la présomption de l'homme et celle de la loi et, nous avons
choisi à dessein nos exemples parmi les unes et les
autres. Mais, en tant que modes de preuve admis par
notre Code civil les deux espèces de présomptions
présentent des caractères particuliers qu'il nous
faut dégager maintenant.

15. Le Code définit dans un même texte les présomptions de l'homme et celles de la loi. Si sous
certains rapports l'assimilation peut se concevoir il
n'en est pas moins vrai cependant qu'il y a entre elles
des différences si profondes, si caractéristiques, que
partant pour ainsi dire du même point, ces deux

sortes de dispositions en arrivent à présenter une physionomie tout à fait différente.

16. Lorsque la loi autorise la preuve par présomptions (c'est-à-dire en matière criminelle où règne d'une façon absolue le système de la preuve simple, en matière commerciale où la preuve par témoins et par conséquent par présomptions est permise d'une façon générale [art. 109. C. co]. enfin en matière civile dans les nombreux cas où la preuve par témoins est admise) elle ouvre le champ le plus vaste à la libre activité du juge pour l'appréciation des faits. La restriction que pose l'article 1353 où il est recommandé au juge de n'admettre que des présomptions graves, précises, et concordantes n'a que la valeur d'un simple conseil.

Il est souverain pour apprécier le fait et sur ce point sa sentence échappe à la censure de la Cour de cassation.

Cette liberté du juge se manifeste d'une double façon.

Non seulement il peut choisir tous les faits, quels qu'ils soient, quelque lointaine que soit leur relation avec le fait à prouver pour tirer un argument en faveur de celui-ci, mais encore il est maître de leur assigner la force probante qu'il juge convenable. Son pouvoir est sans limites ou plutôt il n'a d'autre frein que son bon sens ou son bon plaisir.

17. En vain les anciens auteurs avaient-ils cherché

à établir des classifications, en distinguant des présomptions les indices, les conjectures, les soupçons, en cherchant à établir en cas de conflit quelle présomption devait l'emporter sur l'autre : ils n'étaient pas arrivés à s'entendre et leurs théories, purement arbitraires, n'avaient et ne pouvaient avoir aucune portée pratique. Il n'y a pas de commune mesure qui permette d'évaluer la relation qui existe entre deux faits. Elle dépend essentiellement des différentes circonstances de la cause ; elle varie suivant les espèces. Il est impossible d'établir à ce sujet des règles fixes.

18. Le nombre des présomptions simples est donc infini ; l'appréciation de leur valeur est essentiellement variable. Ce qui sera considéré par l'un comme une présomption pourra ne pas être pris en considération par l'autre. La même présomption pourra n'avoir pas une égale valeur dans le Nord et dans le Midi.

19. En regard de cette variété, de cet arbitraire, de cette incertitude, la présomption légale se présente avec l'unité, la simplicité, la sûreté, la majesté de la loi elle-même. C'est la loi qui crée la présomption. C'est la loi qui précise les faits auxquels elle entend l'attacher. C'est la loi enfin qui indique le degré de force probante qu'il convient de lui attribuer.

Donc point d'aléa; rien d'incertain. Tout est prévu d'avance et la mission du juge prend alors un tout autre aspect. Il n'est plus que l'interprète impersonnel d'une disposition légale et son jugement sur ce point peut être soumis à la censure de la Cour de cassation.

20. La présomption légale présente encore avec la présomption de fait une autre différence très caractéristique. Elle constitue à elle seule une preuve complète d'un fait inconnu : ainsi la remise du titre prouve la libération ; la conception pendant le mariage est une preuve de la paternité du mari. Au contraire la présomption de fait n'est en général qu'un des moyens qui servent à prouver un fait inconnu. Nous ne croyons pas qu'on puisse facilement trouver l'exemple d'une présomption de fait qui constituerait à elle seule une preuve complète. Toujours la présomption simple est employée concurremment avec d'autres moyens de preuve; témoignages, preuve par écrit, autres présomptions. Cette idée se manifeste dans le langage ; on dit la présomption de paternité ou la présomption d'interposition ; mais on emploie le pluriel quand on parle de la preuve par présomptions. On pourrait assez justement comparer la présomption simple à une aile d'un bâtiment tandis que la présomption légale serait le bâtiment tout entier.

21. En résumé, tandis qu'on peut définir les présomptions de l'homme toutes les conséquences possibles tirées de tous les faits possibles pour servir à la preuve d'un fait inconnu, les présomptions légales sont au contraire des conséquences déterminées tirées par la loi de faits déterminés et qui constituent à elles seules des preuves complètes de certains faits.

22. Les présomptions légales présentent donc un double caractère :

1° Elles sont des preuves faites par la loi :

2° La loi détermine leur degré de force probante.

Ces deux idées ne sont pas d'ailleurs spéciales aux présomptions légales. Elles constituent les deux caractères qui s'attachent à l'idée même de preuve légale et se retrouvent dans notre droit appliquées à d'autres modes de preuve. Aussi les actes authentiques sont soumis à certaines conditions d'existence et de validité et ils ont sur certains points une force probante que la loi détermine.

En matière criminelle certains procès-verbaux font foi jusqu'à inscription de faux, d'autres jusqu'à preuve contraire, d'autres ne valent que comme simples renseignements.

Mais en matière de présomption légale la loi a été dans la voie de la preuve légale plus loin que partout ailleurs. Tandis que dans les deux cas précédents on peut encore user de l'Inscription de faux, procédure sans doute difficile et dangereuse mais qui, somme toute, peut réussir, en notre matière la loi a interdit dans certains cas toute preuve contraire. Il y a deux choses distinctes dans la disposition légale : la preuve du fait, l'interdiction relative ou absolue de la preuve contraire. La loi impose au juge sa conviction; elle lui ordonne d'attacher à tel fait telle conséquence et cela d'une façon absolue, dans tous les cas, quand même il aurait une conviction contraire.

23. Cette conception paraît, au premier abord, singulièrement hardie et dangereuse. Il est inadmissible, dit-on, que l'omnipotence du législateur puisse aller jusqu'à lui permettre de violenter ainsi la conscience du juge, de la forcer à accepter comme la vérité une solution qui lui paraît inexacte. On comprend donc jusqu'à un certain point que l'idée seule de la présomption légale soulève l'indignation des philosophes.

Mais on comprend moins, quand on a étudié les Présomptions légales, qu'elles aient excité aussi l'effroi d'un grand nombre de jurisconsultes qui semblent ne pas trouver d'épithètes assez sévères pour flageller le législateur qui a osé les créer. Peut-être ne faut-il voir dans cette répulsion qu'un écho des mauvais souvenirs laissés dans les esprits par les présomptions légales de notre vieux droit criminel. Quoi qu'il en soit, ce sentiment nous semble absolument injustifié : nous n'avons plus de présomptions légales dans notre droit criminel et les présomptions légales qui subsistent dans notre droit civil se justifient en général très bien. Un rapide coup d'œil jeté sur les principales présomptions légales va le démontrer.

24. Il y a d'abord un premier groupe de faits où l'intervention de la loi se justifie très bien, où elle était non seulement utile mais nécessaire.

« Il y a, disait déjà Domat, un ordre de faits qui sont tels qu'il est impossible de connaître la vérité de ce qui est et où néanmoins il faut se déterminer à prendre pour vrai l'un des faits opposés quoiqu'il n'y ait que de l'incertitude en l'un et l'autre et qu'il puisse arriver aussi facilement qu'on prenne le faux pour le vrai ».

Cette idée justifie encore aujourd'hui certaines présomptions de notre Code civil : ainsi les présomptions des articles 720 et 722, la présomption de paternité.

25. Les présomptions des articles 720 et 722 ont reçu dans la doctrine le nom technique de présomptions des *Commorientes.*

Il s'agit de personnes reciproquement appelées à la succession l'une de l'autre et qui ont succombé dans le même évènement.

Par hypothèse, les circonstances du fait ne permettent pas de déterminer laquelle des deux est morte la première. La loi, à tort ou à raison (nous ne jugeons pas ; nous ne faisons qu'apprécier en ce moment le principe même de la présomption), la loi juge bon de donner un règle pour fixer ce point et elle établit par des considérations tirées de l'âge et du sexe laquelle des deux personnes doit être réputée avoir succombé la première. On peut, peut-être, se demander s'il était nécessaire de créer ici une présomption légale mais on ne peut pas contester que le législateur n'ait eu parfaitement le droit de l'établir, puisque les faits n'avaient pas pu donner de solution sur le point inconnu.

26. La présomption de paternité, beaucoup plus importante que la précédente, se justifie par l'impossibilité de prouver directement la paternité. Personne, a dit le plus ancien des poètes, ne peut connaître son père et cette idée dans tous les temps a été illustrée par le roman et le théâtre.

Mais depuis les temps les plus reculés, dès qu'il y a eu une société organisée avec à sa base, l'institution du mariage, on a senti qu'il importait au bon ordre social que l'état des personnes fût fixé d'une façon sûre, qu'une question aussi capitale que celle de la filiation ne pouvait pas être abandonnée aux incertitudes et à l'arbitraire d'une recherche forcément incertaine. De là l'antique adage : *pater is est quem nuptiæ demonstrant* que notre législateur a reproduit dans l'article 312 : « l'enfant conçu pendant le mariage a pour père le mari ».

27. Dans un deuxième groupe de faits, les présomptions légales sont été créées dans un but d'utilité pratique, pour renforcer ou sauvegarder des principes d'ordre public. C'est ainsi que les présomptions d'interposition des articles 911 et 1100 viennent renforcer les dispositions prohibitives de la loi en matière d'incapacité de recevoir et il est certain qu'il y a là en jeu, au premier chef, des questions d'ordre public. La présomption de faute établie dans les articles 1384 et suivants a pour but d'entraîner chez certaines personnes un redoublement de vigilance vis à vis des personnes et des choses qui sont soumises à leur garde, de rendre les commettants plus circonspects dans le choix de leurs préposés.

Ces dispositions ont, est-il besoin de le faire remarquer, une portée considérable au point de vue de l'intérêt public. Dans ces cas encore le droit du législateur est suffisamment justifié.

28. Enfin, en troisième lieu, dans d'autres cas, la loi traduit en présomption légale une probabilité de fait si forte que la généralisation n'est pour ainsi dire pas téméraire. Ainsi l'article 1282 dispose que la remise du titre entre les mains du débiteur fait preuve

de la libération, l'article 1908 que la quittance du capital donnée sans réserve des intérêts en fait présumer le paiement et en opère la libération. N'est-il pas naturel de supposer que si le créancier se défait de son titre c'est qu'il a dû être remboursé ou bien qu'il veut faire remise gratuite de la dette à son débiteur ? N'est-il pas naturel aussi d'admettre que si des intérêts étaient encore dûs au créancier au moment du paiement il aurait commencé par imputer la somme payée sur ces intérêts dont la créance présente sur celle du capital le double désavantage de n'être productive d'intérêts que dans certaines conditions et de s'éteindre par une prescription de courte durée? Peut-être cependant eût-il été suffisant dans ces deux cas de poser simplement la présomption sans interdire la preuve contraire. La rigueur de ce troisième groupe de présomptions absolues est atténuée grâce à la théorie généralement enseignée et qui est admise par la jurisprudence. Cette théorie admet en effet que les présomptions absolues d'intérêt privé admettent une preuve contraire par l'aveu et le serment, mais nous ne croyons pas que ce soit le système de la loi.

29. Mais, qu'elles admettent ou non la preuve contraire, toutes les présomptions légales ont la même nature juridique et sont soumises aux mêmes conditions d'existence. Elles sont toutes des preuves de faits déterminés et doivent, pour exister, résulter d'un

texte spécial. Seulement, pour quelques-unes, outre la preuve qu'elle faisait, la loi a ajouté l'interdiction, totale ou partielle, de la preuve contraire. Cette idée que nous pourrions appeler l'*unité* de la présomption légale a été assez vivement contestée par certains auteurs qui divisent les présomptions légales en deux classes distinctes : celles qui admettent la preuve contraire et celles qui ne l'admettent pas, les premières pouvant exister même en l'absence d'un texte spécial.

30. Il y a là, croyons-nous, une erreur profonde et qui est probablement due à la terminologie déplorable qui a toujours régné dans notre matière. On a toujours divisé les présomptions légales en présomptions *juris tantum* et *juris et de jure* ; et de cette différence si nettement tranchée dans les termes on a été amené à admettre une différence dans la nature juridique des institutions qu'ils représentaient.

31. La loi cependant ne connaît qu'une seule espèce de présomptions légales.

La présomption légale, dit l'art. 1350, est attachée par une loi spéciale à certains actes ou à certains faits.

La présomption légale, dit l'art. 1352, dispense de preuve celui au profit de qui elle existe. Dans le paragraphe 2 de ce même article la loi dit quelles sont celles qui n'admettent pas la preuve contraire mais elle ne dit pas qu'il y ait là une sorte de présomptions légales d'une nature spéciale. Du reste Pothier qui est l'inspirateur direct du Code civil en cette matière, Pothier ne connait non plus qu'une seule espèce de présomptions légales. « Les présomptions de droit, dit-il, sont aussi établies sur quelque loi ou par argument de quelque texte de droit et sont pour cela apelées *præsumptiones juris* ; elles font la même foi qu'une preuve et elles dispensent la partie pour qui elles militent d'en faire aucune pour fonder sa demande ou ses défenses ; mais, et c'est en cela qu'elles diffèrent des présomptions *juris et de jure*, elles n'excluent pas la partie contre qui elles militent d'être reçues à faire la preuve du contraire. »

32. D'ailleurs les présomptions légales ne sont pas autre chose que des modes de preuve d'une nature spéciale. Or tous les modes de preuve ont, suivant les cas, une force probante différente. Est-ce que pour cela leur nature est modifiée ? Le témoignage d'un agent de l'autorité a plus de poids aux yeux des juges que celui d'un gredin. Cependant l'un et l'autre ne sont-ils pas des témoignages ? Un procès-verbal qui ne vaut que jusqu'à preuve contraire est un procès-verbal au même titre qu'un autre qui vaut jusqu'à inscription de faux. Ils doivent tous les deux réunir les conditions nécessaires pour constituer un procès-verbal.

33. Enfin, si cela n'était pas suffisant, on pourrait

trouver dans la loi et, ce qui est mieux, chez nos adversaires eux-mêmes, la démonstration évidente de l'erreur où ils sont tombés. Les articles 1282 et 1283 nous donnent l'exemple d'une présomption légale qui tantôt admet la preuve contraire et tantôt ne l'admet pas. D'après la grande majorité des auteurs et la jurisprudence la présomption de l'article 1499 (1) ne serait *juris tantum*, pour me servir des expressions employées par les arrêts, que si le débat s'élève entre les époux et elle deviendrait *juris et de jure* si les créanciers sont en jeu ; de même la présomption de paternité ne serait plus une présomption *juris et de jure* lorsque l'enfant ne prouve pas sa naissance par l'acte de naissance ou la possession d'état et qu'il est obligé d'intenter l'action en recherche de la maternité (2). Ces deux solutions sont controversées sans doute, mais on ne les a jamais attaquées en partant de l'idée que les présomptions *juris tantum* et *juris et de jure* étaient d'une nature différente et que, par conséquent, la même disposition juridique ne pouvait pas être à la fois l'une et l'autre.

34. Telle est la nature des présomptions légales. Voyons maintenant quels sont leurs effets.

35. La réponse à cette question est fournie par

1. Voyez n°s 282 et s.
2. Art. 325, Code civil.

l'article 1352. « La présomption légale dispense de preuve celui au profit duquel elle existe. » C'est la conséquence toute naturelle de l'idée que les présomptions légales sont des preuves faites par la loi. Il ne peut y avoir aucun doute sur ce point.

Nous avons déjà cité Pothier nous disant que « les présomptions légales font la même foi qu'une preuve et dispensent la partie pour qui elles militent d'en fournir aucune autre ». Domat n'est pas moins explicite : « Les présomptions autorisées par la loi ont l'effet de preuves et il est ordonné de les prendré pour preuves ».

36. La loi tient pour certains des faits que les parties auraient dû établir. Ceux au profit de qui la présomption est créée trouvent donc en elle une preuve toute faite et sont dispensés d'en administrer aucune autre.

37.-Et ceci est vrai dans tous les cas, qu'il s'agisse de présomption simple ou de présomption absolue, car toutes les présomptions légales ont une nature identique. Mais dans les présomptions absolues à côté de la preuve faite par la loi il y a l'interdiction, totale ou partielle, de la preuve contraire et cette circonstance entraîne pour les deux sortes de présomptions des effets juridiques totalement différents.

38. Lorsque la loi admet la preuve contraire, et nous verrons que c'est le droit commun, nous nous

trouvons en présence d'une simple interversion des règles ordinaires sur le fardeau de la preuve. La situation est la même que dans un procès quelconque au moment où le demandeur a fait la preuve de son droit et que son adversaire se lève pour lui répondre. Seulement la loi s'est chargée de la première partie. L'adversaire essaie de combattre la présomption de la loi et le juge décide en dernier ressort.

39. Mais lorsqu'il s'agit d'une présomption absolue n'admettant pas la preuve contraire, lorsque le législateur a établi d'avance la preuve d'un fait et d'avance aussi déclaré que cette preuve ne céderait que dans certains cas ou par certains moyens ou même ne pourrait jamais tomber, alors en réalité la disposition dont il s'agit ressemble bien plutôt à une règle de droit qu'à un mode de preuve. Nous verrons en effet que c'est une difficulté très délicate de distinguer les présomptions absolues et certaines dispositions relatives au fond du droit. Le juge est lié par cette disposition juridique relative à la preuve comme par toute autre disposition impérative de la loi.

40. Il importe essentiellement de ne pas confondre les présomptions légales et les motifs sur lesquels elles sont fondées. On pourrait croire l'observation superflue car cette idée n'est que l'applica-

tion d'une règle d'interprétation tout à fait élémentaire. Il faut cependant y insister car cette confusion a souvent été faite en notre matière et cela par la raison suivante. Les présomptions légales ne sont très souvent que la traduction en une preuve légale d'une forte considération de fait ; d'autre part on donne précisément dans un sens large à cette considération de fait le nom de présomption (1) : l'erreur était presque fatale si l'on n'avait pas soin d'analyser minutieusement les deux sens du mot présomption.

41. Nous avons dit tout à l'heure qu'un groupe de présomptions absolues se justifiaient précisément par des considérations de fait très puissantes que la loi n'avait fait que traduire en preuves légales. On a pu en trouver de très plausibles à la base des autres présomptions absolues que nous avons justifiées par des raisons d'ordre public. On a dit par exemple que l'article 312 reposait sur une présomption de fidélité de la femme ; que les présomptions d'interposition de personne n'étaient que la consécration de l'idée suivante : les liens qui unissent un mari à sa femme, un père à ses enfants sont si puissants qu'il est très légitime de considérer comme donné à l'un ce qui a été donné à l'autre.

1. Voyez, n° 12.

La présomption légale de faute établie contre certaines personnes par les articles 1384 et suivants correspond le plus souvent à une faute véritable. De même pour les présomptions simples! il n'y en a guère qui soient une création purement arbitraire du législateur. Ainsi la présomption de la lieue et demie par heure, consacrée par l'article 366 du Code de commerce, donnait, à l'époque où le Code a été rédigé, la mesure normale de la vitesse des communications. On pourrait citer beaucoup d'autres exemples.

42. Mais il ne faut rien exagérer. Il y a des présomptions légales qui ne reposent sur rien. Les présomptions des articles 720 et 722 sont purement arbitraires; on ne voit pas non plus sur quoi est fondée la présomption de l'article 2268 d'après lequel « la bonne foi est toujours présumée et c'est à celui qui allègue la mauvaise foi à la prouver ».

43. Le meilleur exemple nous est fourni par l'article 312 relatif, on le sait, à la présomption de paternité. Cette présomption pour son application en a nécessité deux autres.

« L'enfant conçu pendant le mariage a pour père le mari ». Voilà la première présomption. Il faut, pour qu'elle s'applique, prouver que la date de la conception se place pendant le mariage.

La question présente des difficultés si l'enfant est

né peu de temps après le mariage contracté ou peu de temps après sa dissolution. Or la date de la conception étant difficile à prouver, le législateur a fixé à la suite d'une enquête médicale les limites extrèmes de la durée de la gestation à 180 et 300 jours. C'est la deuxième présomption. Enfin troisième présomption : pendant cette période utile de 120 jours, la conception est réputée avoir eu lieu à la date la plus favorable à l'enfant.

De ces trois présomptions, la première est une présomption naturelle ; la deuxième est expérimentale ; la troisième ne repose sur rien.

44. Quoi qu'il en soit et quand même toutes les présomptions légales seraient ainsi des traductions en preuves légales de ces probabilités de fait, il est essentiel de ne pas confondre les unes et les autres. La présomption légale c'est la *preuve de la paternité* résultant de la conception pendant le mariage ; c'est la *preuve de la libération* résultant de la remise du titre ; c'est la *preuve de l'interposition* résultant de la qualité d'époux ou de père, etc. La fidélité de la femme, les idées qui expliquent l'article 1282 ou l'article 911 ne sont que les motifs de la loi.

45. Il en résulte une double conséquence :

1° L'absence des motifs dans certaines hypothèses n'empêche pas la présomption de s'appliquer. Ainsi la présomption de l'article 312 continue d'exister au cas d'adultère prouvé de la femme. La présomption de mitoyenneté de l'article 653 est fondée sur l'idée que le mur mitoyen a été bâti aux frais communs des propriétaires. Mais quand même il serait prouvé que ce motif ne se rencontre pas dans une hypothèse donnée, la présomption s'appliquerait quand même (1).

2° La présence des motifs qui ont guidé le législateur dans d'autres hypothèses ne suffit pas pour appliquer la présomption de la loi. Nous verrons en effet, qu'il faut appliquer aux présomptions légales les règles d'interprétation les plus restrictives et qu'on ne peut pas les étendre en dehors des termes de la loi.

46. Nous sommes maintenant en mesure de répondre à une question beaucoup discutée autrefois et que l'on se pose encore aujourd'hui.

Les présomptions légales sont-elles des preuves ou des dispenses de preuve?

47. La question ne peut faire aucun doute. Les présomptions légales sont des preuves. Elles sont toutes des preuves de faits particuliers établies par la loi. Sans doute quand la preuve contraire est permise, la disposition de la loi aboutit à une dispense de preuve, à un renversement des règles sur le far-

______

1. En sens contraire, Aubry et Rau, II, p. 421.

deau de la preuve. Mais ce n'est là que l'effet indirect d'un certain nombre de présomptions légales. Il est impossible de dire que les présomptions absolues sont des dispenses de preuve.

48. Or, nous l'avons déjà dit, toutes les présomptions légales ont la même nature. Elles sont toutes, qu'elles admettent ou non la preuve contraire, des preuves spéciales faites par la loi et elles constituent des dérogations aux règles relatives non au fardeau de la preuve, mais à l'objet même de la preuve. Tel fait devait être prouvé. La loi s'en charge au lieu et place de celle des parties à qui ce fardeau incombait. A son adversaire à prouver — par tous les moyens ou par des moyens limités — que la preuve faite par la loi ne se vérifie pas dans l'hypothèse spéciale du procès. C'est l'objet même de la preuve qui se trouve changé et le déplacement du fardeau de la preuve n'en est que la conséquence.

49. Il résulte de cette conception de la présomption légale une conséquence pratique très importante. Il y a séparation absolue entre ce qui concerne les présomptions légales et tout ce qui a rapport à la détermination du fardeau de la preuve.

Le domaine de l'article 1315 et celui de la présomption légale sont absolument distincts. Sans doute quand une partie a en sa faveur une présomption légale elle est bien dispensée de faire la preuve et cette charge est reportée sur son adversaire, mais ce serait une grossière erreur de dire que quand une partie n'est pas obligée de faire la preuve c'est parce qu'il existe une présomption légale en sa faveur ou une présomption légale contre son adversaire.

Dans l'ancien droit, comme nous le verrons, on a fait souvent cette confusion et même dans notre droit moderne, il y a certaines hypothèses où l'on est tenté de voir une présomption en faveur d'une personne parce qu'elle n'est pas tenue de faire la preuve. C'est méconnaître totalement la nature de la présomption légale qui constitue quelque chose d'essentiellement positif, une preuve d'un fait contenue dans un texte spécial.

50. Il ne faut donc pas voir de présomptions légales dans l'aveu et le serment qui sont des modes généraux de preuves, dans la règle écrite dans l'article 1202 en vertu duquel « la solidarité ne se présume pas » qui ne contient pas la preuve d'un fait positif, dans les deux hypothèses prévues par les articles 2230 et 2231 qui sont ainsi conçus :

Art. 2230. « On est toujours présumé posséder pour soi et à titre de propriétaire s'il n'est prouvé qu'on a commencé à posséder pour un autre ».

Art. 2231. « Quand on a commencé à posséder pour autrui on est toujours présumé posséder au même titre, s'il n'y a preuve du contraire ».

Outre qu'il n'y a pas dans ces textes une preuve d'un fait positif, ils ne constituent qu'une application de l'article 1315.

51. Mais il pourra y avoir une présomption légale même dans une hypothèse ne présentant pas de dérogation à l'article 1315, si le texte dont on prétend la faire sortir modifie l'objet de la preuve dans l'hypothèse dont il s'agit. Nous en verrons une application dans l'article 1733.

52. Tels sont les principes généraux relatifs à la nature et aux effets des présomptions légales. Ils donnent de ces dispositions juridiques une idée, croyons-nous, très simple et très nette, et nous les montrent formant un petit groupe aux caractères distinctement tracés dans l'économie générale de notre système de preuves. Si la théorie des présomptions légales s'arrêtait là, elle n'aurait pas la réputation d'obscurité et de confusion qu'on a coutume de lui attribuer. Il y aurait sans doute des difficultés pour distinguer si tel ou tel texte de loi constitue ou non une présomption légale. Mais cela n'entraînerait que de légères divergences de détail qui existent du reste dans toutes les parties du droit.

Mais la loi, la jurisprudence et les auteurs ont confondu, avec les présomptions légales une foule d'autres dispositions juridiques.

Leur étude fait l'objet du chapitre suivant.

CHAPITRE II.

LES PRÉSOMPTIONS LÉGALES DANS LA DOCTRINE ET LA JURISPRUDENCE.

53. L'extension du nombre des présomptions légales tient à une triple cause :

1° Contrairement au texte formel de l'article 1350, on a admis des présomptions en dehors d'un texte spécial.

2° La jurisprudence a étendu la notion de présomption légale à un certain nombre d'hypothèses dans lesquelles n'entrait pas du tout l'idée d'une présomption véritable.

3° Le Code a parlé dans la section des présomptions de la chose jugée, de certaines règles de droit absolues correspondant aux présomptions « *juris et de jure* » de l'ancien droit (art. 1352, 2). et les interprètes ont étudié ces dispositions juridiques sans les distinguer des présomptions véritables.

Nous allons examiner ces trois points dans trois sections. Nous rechercherons dans une quatrième

section quelles sont les présomptions légales consacrées par notre droit.

SECTION I. — *Présomptions admises en dehors d'un
texte spécial.*

54. La nécessité d'un texte pour l'existence de la
présomption légale ne semblerait pas devoir faire de
difficultés. L'article 1350 est aussi net que possible :
« La présomption est attachée par une *loi spéciale* à
certains actes et à certains faits ». Les travaux préparatoires ne laissent non plus aucun doute à ce sujet « Notre projet n'indique que des exemples, dit
Joubert dans son rapport au tribunat, mais ils suffisent pour l'explication du principe qui au reste
consiste en ce qu'il ne peut y avoir de présomption
légale que celle qui est attachée par une loi spéciale
à un acte ou à un fait : ainsi il ne peut y avoir d'em-
barras pour distinguer la présomption légale (1).

55. Malgré ces arguments qui semblent décisifs,
un parti important dans la doctrine soutient la possibilité d'existence de présomptions sans texte.
« Néanmoins il ne faut pas imaginer, dit M. Bonnier

1. Jaubert, Rapport au tribunal. Voy. Fenel, t. 13, p. 401.

qu'aucune présomption légale ne puisse être établie sans une loi spéciale. Cela est vrai pour les présomptions absolues, celles qui n'admettent pas la preuve contraire. Mais les présomptions légales du premier degré qui admettent cette preuve contraire peuvent fort bien ressortir de l'ensemble des dispositions de la loi (1) ».

56. Nous avons déjà trouvé et combattu cette théorie qui part d'une conception erronée suivant laquelle il y aurait dans notre droit deux sortes de présomptions légales dont la nature et les effets seraient différents et qui seraient soumises à des conditions d'existence différente. Nous ne voulons pas y revenir. Peut-être, d'ailleurs, cette théorie n'a-t-elle été imaginée que pour expliquer la présomption de propriété que certains auteurs attribuent au possesseur d'un immeuble. « Il est bien constant, dit M. Bonnier, que le possesseur d'un immeuble en est réputé propriétaire bien que cela ne résulte expressément d'aucun article du Code. » MM. Aubry et Rau admettent également l'existence d'une présomption de propriété en faveur du possesseur d'un immeuble. « La possession des choses corporelles engendre en faveur du possesseur une présomption légale de propriété dont elle est la manifestation (2). »

1. Voy. Bonnier, *Traité des preuves*, p. 675.
2. Aubry et Rau, II, p. 104.

57. De même que nous avons énergiquement repoussé la théorie générale, nous repoussons absolument la conséquence pratique qu'on en tire. Il n'y a pas de présomption légale de propriété parce qu'il n'y a aucun texte qui la consacre, ni explicitement ni implicitement, et que l'ensemble des « dispositions de la loi » ne suffit pas à en établir une.

58. Il n'y a pas non plus d'argument à tirer en faveur de la présomption de ce que le possesseur est défendeur à l'action en revendication parce qu'il n'y a dans ce fait qu'une application des règles générales sur le fardeau de la preuve, et nous avons démontré que le domaine des deux théories est tout à fait distinct.

59. Une jurisprudence constante, approuvée par la grande majorité des auteurs, admet en faveur du propriétaire d'une usine une présomption de propriété du bief qui y amène l'eau et du canal de fuite par lequel elle s'écoule (1). On appuie surtout cette solution sur l'article 546. Mais cet article, qui ne fait que poser le principe de l'accession et donner la division de la matière, est beaucoup trop général pour en tirer l'existence d'une présomption précise, car il n'y a, aux termes de l'article 1359, de présomptions légales que celles consacrées par des textes

1. Voyez sur ce point, Aubry et Rau. II, p. 182, texte et note 6.

spéciaux et qui ne laissent aucun doute sur la volonté de la loi de créer une preuve légale d'un fait déterminé.

60. C'est encore une présomption sans texte qu'avait admise un arrêt de la cour d'Aix (1) à propos de l'article 3 (ancien) de la loi du 24 juillet 1867 sur les sociétés (2). Il s'agissait de savoir si le souscripteur invoquant le bénéfice de cet article 3 devait prouver qu'il n'avait pas les titres entre les mains ou bien si c'était à la société à prouver qu'il les avait encore. Au point de vue des principes généraux sur la preuve la question ne pouvait pas faire de doute. L'associé est débiteur envers la société en vertu de l'article 1831. Il invoque une cause extinctive de son obligation. Par conséquent c'est à lui à faire la preuve. La Cour d'Aix avait admis au contraire que la décla-

1. Voyez Aix, 3 déc. 1888, Sirey 1889, 2, 25. *Contrà*. Paris 13 juin 1887, Sirey 1889, 2, 63.

2. Cet article était ainsi concu : « Il peut être stipulé, mais seulement par les statuts constitutifs de la société, que les actions ou coupons d'actions pourront, après avoir été libérés de moitié, être convertis en actions au porteur par délibération de l'assemblée générale. Soit que les actions restent nominatives après cette délibération, soit qu'elles aient été converties en actions au porteur, les souscripteurs primitifs qui ont aliéné les actions et ceux à qui il les ont cédées avant le versement de moitié restent tenus au paiement du montant de leurs actions pendant un délai de deux ans à partir de la délibération de l'assemblée générale. » Il a été modifié par la loi du 1er août 1893.

ration du souscripteur qu'il n'avait plus les titres entrainait en sa faveur une présomption d'aliénation qui ne pouvait être détruite que par la preuve contraire. Il est certain que l'article 3 ne renfermait rien de pareil.

61. La nécessité d'un texte spécial pour que la présomption légale existe entraine deux conséquences importantes :

1° L'interprétation la plus restrictive possible des présomptions légales consacrées par la loi. Car les étendre en dehors des termes précis qui les établissent, les appliquer à d'autres hypothèses que celles pour lesquelles elles ont été créées, ce ne serait pas autre chose qu'admettre des présomptions sans texte. Nous étudierons cette règle en détail au chapitre IV;

2° La suppression implicite faite par la loi de toutes les présomptions légales de notre ancienne jurisprudence qu'elle n'a pas consacrées. Citons notamment la fameuse présomption mucienne qui faisait réputer payés avec les deniers du mari les biens acquis par la femme durant le mariage, la présomption de libération qui résultait du billet barré (*chirographum cancellatum*), la présomption « que les quittances de trois années consécutives de fermages faisaient présumer le paiement des années précédentes. « Cette

---

1. Voyez, n°ˢ 235 et s.

présomption, dit Pothier, établie par la loi 3 C. (*De apochis publicis*) seulement pour le paiement des tributs avait été étendue aux arrérages de rentes, soit foncières, soient constituées, aux loyers, fermages et autres semblables dettes annuelles ; *nam ubi eadem ratio idem jus* ». Nous venons de dire qu'aujourd'hui il faut admettre en notre matière la règle d'interprétation inverse.

SECTION II. — *Extensions diverses faites par la jurisprudence de l'idée de présomption.*

62. Nous réunissons sous ce titre un certain nombre d'hypothèses sans aucun rapport entre elles, où la jurisprudence a fait intervenir l'idée de présomption légale dans des buts divers et en donnant à ce mot des sens différents. Nous aurions pu les ranger dans le paragraphe précédent car ce sont des présomptions sans texte ; mais elles ne sont pas de véritables présomptions légales ; elles constituent plutôt des abus de l'idée de présomption et à ce titre méritent de faire l'objet d'une section spéciale.

1. Voyez Pothier, *Obligations*, n° 445.

A. *Textes relatifs à la composition des tribunaux dans les colonies.*

63. Il y a d'abord un certain nombre de textes relatifs à la composition des tribunaux dans les colonies où la jurisprudence a pu trouver, ce qui paraît surprenant au premier abord, des présomptions légales. Voici comment les choses se sont présentées.

64. Il est arrivé souvent que des jugements rendus par ces tribunaux avaient été attaqués sur le fondement de l'incompétence des magistrats qui avaient siégé dans l'affaire. En vertu des règles ordinaires sur le fardeau de la preuve, c'était à celui qui attaquait ces jugements à faire la preuve de l'incompétence des magistrats puisqu'ils prétendaient innover sur l'état de fait qu'avait créé le jugement. La jurisprudence a donné la même solution mais en faisant intervenir l'idée d'une présomption légale qui serait contenue dans ces textes. Peut-être y a-t-il à cette solution un intérêt qui nous échappe car la jurisprudence est constante sur le point en question.

65. Ainsi, à propos d'un arrêt rendu par une Cour criminelle de l'Inde, on alléguait :

1° Que les magistrats n'étaient pas capables. Il s'agissait d'un suppléant de justice de paix ayant siégé dans la Chambre des mises et accusation en remplacement du juge de paix titulaire et qui n'aurait pas été pourvu du diplôme de licencée en droit.

2° Que l'interprète n'avait pas prêté le serment de l'article 332.

L'arrêt décide :

« Que la capacité des magistrats siégeant en cette qualité est juridiquement établie en vertu *d'une présomption légale* qui ne peut tomber que devant la preuve contraire ;

Que la *même présomption* s'attache à la prestation du serment des interprètes associés aux colonies d'une manière permanente à l'administration de la justice, lesquels n'entrent en fonctions qu'après avoir prêté une fois pour toutes le serment prescrit par la loi (1).

66. De même « les conseillers auditeurs ont qualité pour faire partie des Cours criminelles en Cochinchine en cas d'empêchement des conseillers titulaires et aucune disposition législative n'impose au gouverneur l'obligation de motiver l'arrêté par lequel il a nommé un conseiller auditeur pour faire partie d'une Cour criminelle. Il y a dans *ce cas une présomption légale* que cette nomination a été déterminée par l'empêchement des conseillers titulaires (2).

1. Cass. 23 mars 1893. Ch. crim. Dalloz, 1894. 1, 310.
2. Cass. crim. 9 février 1882, Sirey, 1881, 1, 91.

B. *Le nom de présomption* juris et de jure *employé pour désigner une relation nécessaire existant entre deux faits.*

67. On trouve souvent dans les arrêts des formules qui tendraient à faire croire que l'on considère la présomption légale comme une disposition juridique de même nature que la présomption de fait mais qui serait d'un degré supérieur. On dit, quand deux faits présentent entre eux une relation très forte, que l'un constitue une présomption *juris et de jure* par rapport à l'autre. Le mot présomption *juris et de jure* n'est pris sans doute que dans le sens de présomption violente en prenant le mot présomption dans son sens vulgaire ; mais il est dangereux d'employer ainsi à la légère des mots qui ont une signification technique très précise. Nous relevons en ce sens un arrêt où il est fait une application intéressante de cette idée.

68. Un voyageur réclame des bagages à une compagnie de chemin de fer ; il a entre ses mains son bulletin de bagages. La situation est très simple. C'est à la compagnie à prouver que le bulletin a été laissé par erreur entre les mains du voyageur et que ses colis lui ont effectivement été remis. Ce n'est pourtant pas la solution que donne la jurisprudence.

« Si la présomption qui résulte de la détention
par le voyageur du bulletin de bagages à lui délivré
contre la remise de ses colis n'a pas le caractère d'une
présomption *juris et de jure*, elle peut néanmoins
suffire à écarter l'offre de preuve faite par la Compagnie et tendant à établir que le bulletin a été
laissé par erreur entre les mains du voyageur après
remise de ses bagages (1) ».

C. *Article 2279.*

69. D'après la théorie très généralement admise
aujourd'hui, le Code civil a consacré dans l'article
2279 une théorie formulée par Bourjon et qui était
en vigueur au Châtelet de Paris. L'article 2279 signifierait que le possesseur de bonne foi d'un meuble
corporel n'a besoin, pour être propriétaire, d'aucune
prescription. Il est propriétaire par cela seul qu'il
est possesseur. Tandis qu'en matière d'immeubles
la possession suit la propriété, ici c'est la propriété
qui suit la possession. « La prescription n'est d'aucune considération, elle ne peut être d'aucun usage
quant aux meubles puisque par rapport à de tels
biens la simple possession produit tout l'effet d'un
titre parfait. » Mais, bien entendu, ce n'est pas le

1. Alger, 7 décembre 1892. Sirey, 1892, 2, 116.

fait matériel de la possession, la simple détention, qui vaut titre de propriété. Il faut une possession véritable, réunissant les conditions exigées par l'article 2229, pour conduire à la prescription.

70. La jurisprudence explique l'article 2279 par une présomption de propriété. D'après elle, aux termes de cet article, le possesseur d'un meuble en est réputé propriétaire mais jusqu'à preuve contraire. A la lettre, cette formule signifierait que le propriétaire d'un meuble aliéné *a non domino* pourrait prouver contre le tiers acquéreur de bonne foi que celui qui lui a transmis la propriété n'était pas propriétaire. Mais aucun arrêt ne l'a admis. La preuve contraire dont il s'agit n'est pas la preuve que le tiers a acquis *a non domino* ; cette réserve signifie que le propriétaire peut prouver que la possession est entachée d'un vice, par exemple celui de précarité.

71. Les deux théories aboutissent aux mêmes conséquences pratiques. Prenons un seul exemple. Un domestique se trouve en possession de valeurs qu'il a prises dans la succession de son maître décédé. Dans notre théorie on se demandera s'il y a dans l'espèce une possession véritable ; la jurisprudence dit : il y a une présomption de propriété mais la preuve contraire est permise et cette preuve contraire consiste à démontrer le vice de la possession.

D. *Loi de 1885 sur les Marchés à terme.*

72. On a discuté aussi, en se plaçant sur le terrain de la présomption légale, une très grosse question soulevée par l'application de la loi de 1885 sur les marchés à terme.

73. Avant que cette loi n'intervînt, deux questions importantes étaient discutées à propos des marchés à terme ou à livrer : 1° Ces marchés étaient-ils légaux? 2° La partie poursuivie pouvait-elle se retrancher derrière l'article 1965 pour se soustraire aux engagements qui en résultaient?

74. La jurisprudence dans son dernier état reconnaissait la légalité des marchés à terme, mais elle admettait que la partie poursuivie en exécution de ses engagements pouvait invoquer l'article 1965. C'était à son adversaire à démontrer qu'il y avait une opération véritable. La validité des marchés à terme ou à livrer dépendait de l'intention présumée des parties dont les tribunaux puisaient les éléments dans les circonstances particulières de chaque litige.

75. Les deux points discutés furent tranchés par la loi du 28 mars 1885.

76. L'article 1, § 1, déclare la légalité des marchés à terme et à livrer « tous marchés à terme sur effets

publics et autres ; tous marchés à livrer sur denrées, ou marchandises sont reconnus légaux. »

77. Sur l'application de l'article 1965 le § 2 dispose ainsi.

« Nul ne peut, pour se soustraire aux obligations qui en résultent, se prévaloir de l'article 1965 du Code civil, lors même qu'ils se résoudraient par le paiement d'une simple différence ».

78. Ce texte a laissé place à une difficulté excessivement grave. Qu'a voulu exactement le législateur de 1885 ? N'a-t-il fait que replacer sous l'empire du droit commun des conventions les marchés à terme ou à livrer, c'est-à-dire que l'opération se présentant sous cette forme est valable comme telle, sauf à la partie poursuivie à démontrer qu'il y a jeu ou pari ? A-t-il, allant plus loin, et dérogeant au principe d'après lequel le juge n'est pas, pour l'appréciation d'un acte, lié par la qualification que lui ont donnée les parties, voulu proscrire toute recherche d'intention et ordonné au juge d'admettre comme valable toute opération qui se présente sous la forme d'un marché à terme ou à livrer ? La question est incertaine. Le texte de la loi semble vouloir exclure toute possibilité d'admettre l'exception de jeu ; les circonstances dans lesquelles.la loi a été faite, les difficultés que présente la recherche d'intention des parties paraissent imposer cette solution. On allègue

dans l'autre sens que l'article 1965 n'est pas sup-
primé et que des explications contradictoires ont
été données dans les deux Chambres lors des travaux
préparatoires. La jurisprudence présente des solutions dans les deux sens (1).

79. Cette question, nous l'avons dit, a été posée
sur le terrain de la présomption légale. On a dit que
la loi de 1885 avait posé une présomption de validité des marchés à terme ou à livrer et l'on s'est demandé si cette présomption était *jùris tantum* ou *juris
et de jure*.

80. Sans doute la question a été ainsi posée lors des
travaux préparatoires, mais c'est par un véritable abus
de mots ; il n'y a pas en jeu une question de présomption véritable. L'opération qui se présente sous
la forme d'un marché à terme ou à livrer peut être
sincère ; elle peut aussi cacher un pari auquel cas le
perdant pourrait se retrancher derrière l'article
1965 pour refuser de s'exécuter. Il s'agit de savoir
si la loi a interdit d'invoquer l'exception de jeu en
cette matière, si elle a ordonné de considérer toute
opération qui se présenterait sous la forme d'un
marché à terme ou à livrer comme une opération sincère. Eh bien ! ce n'est pas là une question de présomption légale. Il n'y a pas de présomption au sens

1. Voyez notamment sur cette question, Montpellier, 7 mai
1885, Paris 6 et 10 juin 1885, Sirey, 1886, 2, 1 et la note.

des articles 1349 et 1350 : et ce n'est pas non plus
un exemple des présomptions *juris et de jure* de l'article 1852 § 2 où « la loi annule un acte ou dénie
l'action en justice ». La discussion doit se faire en
dehors de la théorie de la présomption et on a com-
pliqué inutilement la question en faisant intervenir
ici les règles relatives aux présomptions légales.

E. *Loi sur la chasse. Diffamation.*

81. Nous citerons enfin deux autres hypothèses
relatives, il est vrai, à des matières de droit pénal
et qui ne rentrent pas, nous devons l'avouer, dans
les limites de notre sujet. Mais comme elles traitent
de points intéressants et qu'elles présentent deux
exemples curieux d'extension de l'idée de présomption légale ; comme nous estimons d'autre part que
la distinction du droit public et du droit privé est
plus artificielle que réelle, nous ne croyons pas mal
faire en les exposant ici sommairement.

82. Le premier de ces exemples est relatif à l'application de l'art. 4 de la loi sur la chasse du 3 mai
1844. Cet article dispose que « dans chaque dépar-
tement il est interdit de mettre en vente, de ven-
dre, d'acheter, de transporter et de colporter du
gibier pendant le temps où la chasse n'y est pas

permise ». Le § 2 ajoute qu' « en cas de contravention le gibier sera saisi et livré l'établissement de bienfaisance le plus voisin et l'article 12, 4°, déclare que les contrevenants seront punis d'une amende de 16 à 200 fr. et pourront l'être en outre d'un emprisonnement de 6 jours à 2 mois. »

83. Or tous les ans quelques jours après la fermeture de la chasse la société pour la répression du braconnage délègue quelques huissiers élégants dans les restaurants les plus renommés de Paris. Ces messieurs se font servir du gibier qu'ils « saisissent » et les propriétaires cités en police correctionnelle se défendent en alléguant que le gibier en question est du gibier conservé et qu'il a été tué au moment où la chasse était permise.

84. Que fallait-il décider car la loi ne parle pas du gibier conservé ? Deux solutions extrêmes ont été proposées et des jugements rendus dans l'un et l'autre sens. Dans la première on applique la loi d'une façon impitoyable en alléguant que le gibier de conserve est encore du gibier, que la loi a voulu atteindre indirectement le braconnage et que cette interprétation sévère permet seule de réaliser ce but. Dans la seconde on dit que la loi ne peut s'appliquer qu'au gibier frais puisqu'elle ordonne la confiscation au profit de l'établissement le plus voisin.

85. La question est évidemment délicate et ces so-

lutions extrèmes ne satisfont pas pleinement. Car si dans l'une on sacrifie le gibier, dans l'autre on sacrifie le consommateur.

Et il serait peut-être cruel au nom d'un texte douteux, de priver toute l'année les amateurs de gibier de conserve d'un plaisir qui n'a rien d'immoral.

86. La jurisprudence a trouvé une troisième solution qui concilie d'une façon assez heureuse les deux intérêts en présence en faisant précisément intervenir l'idée de présomption. Elle décide que la loi établit une présomption que le gibier mis en vente en temps prohibé a été tué en fraude de ses prescriptions. Mais cette présomption doit céder devant la preuve contraire, notamment « devant la preuve que le gibier mis en conserves a été tué avant la fermeture de la chasse ou qu'il a été mis en boîtes closes et soudées avant cette époque (1).

87. Notre deuxième exemple se présente à propos de la diffamation. La jurisprudence admet qu'il y a, en matière de diffamation, une présomption légale de l'intention de nuire, présomption qui peut tomber devant la preuve contraire. Ces mots ne peuvent pas évidemment être pris à la lettre. Si l'intention de nuire était une condition d'existence du délit de diffamation et que la loi établit d'avance par une

1. Voyez Paris, 23 juin 1882 et 22 janvier 1883. Sirey, 1885, 2, 85, note.

présomption légale l'existence de cette intention de nuire, il y aurait là une dérogation considérable au principe le plus essentiel de notre droit pénal d'après lequel c'est au ministère public à prouver les éléments constitutifs du délit. Aussi n'est-ce pas ainsi que se pose la question.

88. L'intention de nuire apparait d'une façon distincte en matière pénale dans quelques hypothèses consistant en un tort causé aux personnes ou aux propriétés et où l'on peut distinguer à côté du fait matériel qui constitue l'infraction certaines conséquences que l'auteur a pu ou non vouloir produire. Ainsi, conduisant un cheval dans la rue, je puis écraser une personne par imprudence ou précipiter mon cheval sur elle pour l'écraser; je puis frapper une personne avec ou sans l'intention de lui donner la mort.

89. Au contraire il y a des infractions où les conséquences sont tellement inhérentes à l'acte lui-même qu'elles sont inséparables de la volonté de le commettre. Ainsi le fait de diffamer quelqu'un est inséparable de l'intention de nuire et ce n'est que par une erreur d'analyse que la Jurisprudence a pu distinguer les deux choses.

90. Poussée jusqu'au bout, le théorie de la jurisprudence serait la violation formelle de la loi. Le diffamateur ne manquerait pas le plus souvent d'invoquer

sa bonne foi et les faits justificatifs qu'il pourrait invoquer seraient précisément la preuve que le législateur a sagement interdite.

91. Ajoutons qu'heureusement les tribunaux n'ont donné cette solution qu'en matière de diffamation pendant les périodes électorales. Les circonstances sont ici tout à fait exceptionnelles. L'ardeur de la lutte, des motifs peut-être très louables peuvent plaider en faveur de l'individu poursuivi. Malgré cela, le délit existe quand même. Le juge ne devrait tenir compte des motifs que pour l'application de la peine (1).

Section III. — *L'article 1352, § 2. Les présomptions juris et de jure.*

92. Nous verrons, en étudiant l'histoire des présomptions légales, que notre ancien droit connaissait, à côté des présomptions ordinaires constituant un mode de preuve spécial et qu'il appelait présomptions *juris tantum* des dispositions juridiques d'un ordre tout différent auquel il donnait le nom de présomptions *juris et de jure*. La liste de ces présomptions

1. Voyer sur cette question Cas. 15 avril 1885. Sirey, 1887. 1. 137 et la note.

juris et de jure n'était pas fixée d'une manière invariable ; elle variait avec les auteurs, mais l'idée qu'ils s'en faisaient et la définition qu'ils en donnaient étaient sensiblement les mêmes. Ils appelaient ainsi certaines règles de droit impératives fondées sur des présomptions légales et où l'on distinguait facilement les deux choses : la présomption établie par la loi, la règle de droit qu'elle en tirait : *lex aliquid præsumit et super præsumpto tanquam sibi comperto disponit.* En outre, les auteurs avaient admis parmi les présomptions *juris et de jure* certaines règles de droit absolues, comme l'autorité de la chose jugée, mais qui ne correspondaient plus à leur définition.

93. Mais ces présomptions *juris et de jure* étaient parfaitement distinctes des présomptions véritables; malgré l'analogie du nom, on avait aperçu la différence des choses et les présomptions *juris et de jure* formaient une classe à part, étaient considérées enfin comme des dispositions d'un autre ordre que les présomptions *juris tantum.* La confusion fut faite par Pothier et elle se retrouve dans le Code Civil qui le copia.

94. Cette confusion résulte aussi nettement que possible des travaux préparatoires. On lit en effet dans l'exposé des motifs au corps législatif :

« Dans la législation romaine ? on avait distingué 3 espèces de présomptions :

La présomption *juris et de jure* parce qu'elle était

introduite par le droit et parce que la preuve contraire n'étant pas admise elle établissait le droit ;

La présomption de droit, qui est aussi établie par la loi, qui dispense de la preuve mais qui n'exclut pas la preuve contraire.

Et enfin la présomption qui sans être établie par la loi se présente à la conscience du juge et à laquelle ils doivent avoir égard.

Cette distinction fondée sur une analyse exacte des présomptions est maintenue dans le code (1) ».

95. Ainsi, on maintient la division des présomptions telle qu'elle résultait, non du droit romain, mais de l'ancien droit, et la définition même que l'on donne des présomptions *juris et de jure* est la définition d'Alciat, c'est-à-dire d'un des auteurs qui faisaient autorité en la matière. Les présomptions *juris et de jure*, semble-t-il, sont considérées comme autrefois comme des dispositions impératives d'une nature spéciale, et elles n'ont de commun que le nom avec les présomptions ordinaires qui sont des preuves. Malgré cela, quand on pose dans l'article 1352 la règle destinée à reconnaitre les présomptions *juris et de jure*, on donne précisément comme exemple de ces présomptions *juris et de jure* des présomp-

1. Fenet, tome 13, p. 303.

/tions légales véritables : la présomption d'interposition et la présomption de remise de dette (1).

96. Il y a donc eu une confusion dans l'esprit du
législateur. Le même nom de présomption *juris et de
jure* a servi à désigner les présomptions légales absolues et les présomptions *juris et de jure* de l'ancien
droit. D'autre part, le code a rangé la règle relative
à l'autorité de la chose jugée parmi les présomptions
légales, en sorte que les interprètes du code civil
qui n'ont pas fait ces distinctions ont pu confondre
sous une même expression la présomption de paternité, la règle de l'article 918, la chose jugée. Il n'y
a donc pas lieu de s'étonner que la théorie des présomptions légales ait toujours été représentée comme une théorie difficile et embrouillée.

97. La lumière se fera si l'on a soin de distinguer
des présomptions légales véritables :

1° La règle de la chose jugée et les dispositions
de même nature que l'on a appelées présomptions
juris et de jure, dispositions impératives sans rapport avec l'idée même de présomption légale.

2° Les présomptions *juris et de jure*.

Ces deux points feront l'objet de deux paragraphes.

1. Jaubert. Rapport au Tribunat. Fenet, tome 13, p. 402.

§ 1. — *Dispositions impératives sans rapport avec l'idée de présomption légale.*

98. Le type est l'autorité de la chose jugée. On ne voit pas au premier abord comment on est parvenu à la classer parmi les présomptions légales. Qu'est-ce en effet que la chose jugée ? Un principe d'ordre public en vertu duquel on ne peut pas remettre en question ce qui a déjà fait l'objet d'un premier jugement. Il n'y a là ni une conséquence tirée d'un fait connu à un fait inconnu, ni une annulation d'acte ou une dénégation d'action faite sur le fondement d'une présomption légale.

99. Pour ranger quand même l'art. 1351 parmi les présomptions légales, on a dû prendre le mot de présomption dans son sens vulgaire : on a dit la règle est établie parce que la loi *présume* que la chose jugée est l'expression de la vérité. Il y a là une erreur évidente : le mot présomption a dans la loi un sens technique, tout différent de celui qu'on lui donne. On ne peut méconnaitre que la loi ait rangé l'autorité de la chose jugée au nombre des présomptions légales, mais c'est sous l'influence d'une longue tradition. L'autorité de la chose jugée n'est une présomption ni au sens de l'article 1349 ni au

sens de l'article 1352, § 2. Elle forme à elle toute seule une classe à part parmi les présomptions légales et n'a rien de commun avec les autres.

100. Cette idée n'a pas été admise par la grande majorité des auteurs; ils ont répété pour une foule d'autres textes le même raisonnement qu'il avaient fait pour ranger quand même l'article 1351 au nombre des présomptions légales de l'article 1352, § 2, et cela a donné naissance à une foule de prétendues présomptions légales qui n'ont absolument rien de commun avec les présomptions légales véritables. Ainsi on a dit qu'il y avait une présomption légale dans l'article 1 du Code civil qui déclare les lois exécutoires, au bout d'un certain délai après leur promulgation parce que la loi « présume » que au bout de ce temps ces lois sont connues; dans l'article 12 du Code civil qui déclare que « l'étrangère qui aura épousé un Français suivra la condition de son mari » parce que la loi « présume » que la femme étrangère qui épouse un Français consent à suivre sa nationalité; dans l'article 1595 qui interdit les ventes entre époux parce que la loi présume que ces ventes contiendraient des avantages indirects; dans l'article 960 qui établit la révocation pour survenance d'enfants parce que la loi présume que le donateur ne se serait pas dépouillé s'il avait supposé avoir des enfants. Les articles 446

et suivants du Code de commerce qui annulent dans certains cas les actes faits par le failli avant la cessation des paiements seraient des présomptions légales parce que la loi présume que ces actes ont été faits en fraude des créanciers; la prescription acquisitive serait une présomption de libération, la prescription libératoire une présomption de paiement.

101. Nous ne voulons pas multiplier les exemples mais on voit facilement que par le procédé employé, on pourrait faire rentrer dans les présomptions légales à peu près toutes les dispositions impératives du Code civil. On pourrait dire ainsi que les successions *ab intestat* sont des présomptions légales parce qu'elles sont l'expression faite par la loi de la volonté présumée du défunt; que dans tous les cas où une action est limitée par la loi à un certain délai, il y a une « présomption » au bout de ce délai, que celui qui en avait le droit n'a pas voulu l'exercer, etc.

102. Les conséquences d'une pareille doctrine suffiraient seules à la condamner si on n'apercevait clairement qu'elle repose tout entière sur sur la confusion de la loi et des motifs sur lesquels elle est fondée.

103. Ces prétendues présomptions n'ont avec les présomptions véritables que ce point commun, qu'elles sont fondées l'une et l'autre sur des motifs

plus ou moins apparents. Mais cela suffit-il à les rapprocher ? Evidemment non, car on peut trouver à la base de n'importe quelle loi une probabilité, une « présomption » qui l'explique. Ce ne sont pas les motifs qui les ont dictées qui servent à caractériser les dispositions juridiques. C'est par leur but, le rôle qu'elles ont à remplir qu'elle se différencient. Cela est vrai des textes de loi comme des êtres dans la nature, comme des hommes dans la société.

104. Et puis la loi n'est pas l'expression de la volonté individuelle de ceux qui la créent. Quand même le législateur croirait se décider par des raisons personnelles, il obéit instinctivement à des besoins sociaux. Le vrai motif de la loi peut n'être pas celui qu'indique le législateur ; il peut parfois cacher sous des considérations secondaires la véritable raison qu'il n'ose avouer. Et s'il y a plusieurs idées qui ont motivé une règle de droit, laquelle détachera-t-on pour en faire la « présomption légale ? »

105. « Lorsqu'on fait tant que de rendre raison d'une loi, dit Montesquieu, il faut que cette raison soit digne d'elle. Une loi romaine décide qu'un aveugle ne peut plaider, parce qu'il ne voit pas les ornements de la magistrature. Il faut l'avoir fait exprès pour donner une si mauvaise raison quand il s'en présentait tant de bonnes. Le jurisconsulte Paul dit que l'enfant naît parfait au septième mois et que la rai-

son des nombres de Pythagore semble le prouver.
Il est singulier qu'on juge ces choses sur la raison
des nombres de Pythagore. » (Liv. 29, ch. 16, *Esp.
des lois.*)

106. Nous ne croyons pas non plus que les motifs
que l'on a donnés pour expliquer ces prétendues présomptions légales soient tous exacts. Nous ne croyons
pas que l'article 1351 ait sanctionné l'idée que la
chose jugée est probablement la vérité.

107. La vérité existe ou n'existe pas ; il n'y a pas
de milieu. Or un jugement passé en force de chose
jugée ne représente qu'une vérité essentiellement
relative, puisque en admettant qu'il ait passé par
tous les degrés de juridiction, le point en litige a pu
recevoir deux solutions différentes sur la question de
fait et trois sur la question de droit.

108. Ce n'est donc pas là qu'il faut chercher le
fondement de cette règle. La loi l'a établie parce qu'il
fallait mettre une fin au procès et que les plaideurs
n'en auraient pas mis d'eux mêmes, puisque l'on ne
voit jamais deux adversaires également satisfaits
d'une sentence rendue.

109. L'autorité de la chose jugée est une des conditions de l'existence de la société, car les droits des
individus n'auraient pas de base solide si l'on pouvait toujours remettre en question ce qui a été jugé.
Cette idée a toujours été admise ; Cicéron disait dé-

jà que la chose jugée était le plus ferme soutien de la société et tout le monde connaît les belles paroles que Platon met dans la bouche de Socrate qui préfère subir une condamnation injuste plutôt que de se dérober à la sentence portée contre lui ; la fameuse prosopopée des lois est aussi belle au point de vue littéraire que forte au point de vue juridique et social. « Que vas-tu faire, ô Socrate ? Ne vois-tu pas que ton projet de fuite prépare autant qu'il est en toi la destruction, l'anéantissement des lois, et la chute de la République ? *Penses-tu donc qu'un État puisse subsister sans lois et que les lois ne soient pas détruites et anéanties lorsque les jugements n'ont aucune force, lorsque chaque homme privé peut les rescinder en se soustrayant à leur exécution ?* »

110. Nous ne croyons pas non plus que l'art. 1 du Code civil ait entendu établir la présomption que les citoyens ont eu connaissance, au bout du temps fixé, de la loi publiée. Il y a là encore un principe d'ordre social, de même nature que le précédent, parce qu'il n'y aurait pas, dit avec raison M. Laurent, de société possible si les lois n'avaient pas une force obligatoire indépendante de l'ignorance, du caprice ou du mauvais vouloir de ceux qu'elles obligent.

111. Peut-on dire que la prescription acquisitive soit une présomption de propriété puisqu'elle fonctionne au profit d'un usurpateur ? Que la prescrip-

tion libératoire (1) soit une présomption de paiement puisqu'elle pourrait être invoquée par une personne qui reconnaîtrait n'avoir jamais payé ? Nous croyons que la prescription s'explique surtout par des raisons et des nécessités d'ordre public qui l'ont fait admettre dans toutes les législations. Acquisitive ou libératoire, la prescription a son fondement dans un intérêt social. Il ne faut pas troubler des situations de fait qui ont duré longtemps. D'ailleurs il n'y a rien d'injuste à sacrifier le droit du créancier ou du propriétaire car ils ont été négligents.

112. Il faut donc rayer du nombre des présomptions légales toutes ces prétendues présomptions *juris et de jure* que la loi ne connaît pas et qui sont le résultat d'une confusion faite par les auteurs entre certaines dispositions absolues et les motifs sur lesquels elles sont fondées.

113. Sur ce premier groupe de fausses présomptions qui pourrait, si on était logique, comprendre toutes les règles de droit impératives, un autre s'est greffé par suite d'un phénomène assez curieux. A côté des présomptions *juris et de jure*, on a toujours distingué les présomptions *juris tantum*. Cette vieille

1. Nous ne parlons que de la présomption libératoire de droit commun, par 30 ans. Nous verrons qu'il y a certaines prescriptions libératoires, les courtes préscriptions, qui ne sont pas autre chose que des présomptions de paiement.

distinction est si enracinée dans les esprits qu'elle naît pour ainsi dire en même temps que l'idée même de présomption.

114. Les règles de droit dont nous venons de parler étant classées parmi les présomptions *juris et de jure*, on a pensé presque fatalement qu'il fallait, pour leur correspondre, des présomptions *juris tantum* ; et en effet on a rangé parmi les présomptions *juris tantum* un certain nombre de règles de droit ne correspondant pas à la formule de l'article 1352 §2 et constituant simplement des règles interprétatives de volonté.

115. Notre droit, en effet, tout en admettant le principe de la liberté des conventions, a tracé à l'avance un certain nombre de règles relatives aux contrats les plus usuels, règles auxquelles, en l'absence de conventions spéciales, les parties sont censées se soumettre.

C'est ce que les Allemands appellent *jus dispositivum* par opposition aux premières qui portent le nom de *jus cogens*. Certaines de ces règles ont été appelées des présomptions *juris tantum*.

116. Ainsi l'article 1588 d'après lequel « la vente à l'essai est joujours présumée faite sous condition suspensive ; les règles des articles 1757 et 1758 relatives à la durée de certains baux ; la règle de l'article 138 du Code de commerce, etc. Ce choix a été

déterminé en partie par les termes même dont s'est
servi la loi, « censé », « présumé » ; mais on ne devait pas s'arrêter là et l'un pouvait appeler du même
nom toutes les règles établies au titre de la vente, du
contrat de mariage, etc.

117. Il n'y a pas, suivant nous, dans ces règles de
droit purement interprétatives de volonté de véritables présomptions légales. Elles ne correspondent
pas en effet à la notion de la présomption telle qu'elle
résulte des articles 1349 et 1350 ; d'autre part elles
ne rentrent pas dans la définition des présomptions
juris et de jure telle qu'elle résulte de l'article 1352 §2
et nous venons de voir que les prétendues présomptions *juris et de jure* auxquelles on les fait correspondre ne rentrent même pas dans cette définition.

118. D'ailleurs, c'est une erreur absolue que de considérer, comme dans la théorie adverse, les présomptions *juris et de jure* et les présomptions *juris
tantum* comme des choses de même nature. Les
présomptions *juris et de jure* étaient dans l'ancien
droit et sont dans le Code civil quelque chose de
spécial.

Ce sont des dispositions impératives d'un caractère particulier. Mais jamais on n'a dit qu'il y avait
des dispositions correspondantes, règles de droit purement interprétatives de volonté, qui seraient des
présomptions *juris tantum*. Dans le langage moderne,

il est vrai, on appelle aussi présomptions *juris et de jure* les présomptions véritables n'admettant pas la preuve contraire et elles s'opposent aux présomptions *juris tantum* qui l'admettent ; mais les présomptions *juris et de jure* de l'article 1352 sont quelque chose de spécial et il n'existe pas de présomptions *juris tantum* qui leur correspondent.

119. Y a-t-il un intérêt pratique à distinguer les présomptions légales véritables et les règles de droit impératives ou interprétatives de volonté dont nous venons de parler?

120. On pourrait croire qu'il n'y a en jeu qu'une question de terminologie. Que l'on dise règle interprétative de volonté ou présomptions admettant la preuve contraire ; règle impérative ou présomption *juris et de jure*, c'est-à-dire n'admettant que la preuve contraire, les résultats pratiques ne changent pas.

121. Nous reconnaissons que cela est vrai dans la plupart des cas ; cependant nous croyons qu'il y a un intérêt assez grand à écarter dans ces questions l'idée même de présomption. Cette idée soulève en effet toujours la question de preuve contraire et il est inutile et dangereux en présence d'une règle absolue de la loi de se demander si cette règle subsiste au cas où le motif sur lequel elle est fondée ne se rencontre pas. En second lieu, d'après la théorie de la jurisprudence et la grande majorité des

auteurs, les présomptions absolues qui ne sont pas fondées sur un intérèt public admettent une preuve contraire par l'aveu et le serment.

Enfin, au cas d'incertitude sur le point de savoir si tel texte établit ou non une règle absolue, la question est bien plus difficile à résoudre en se plaçant sur le terrain de la présomption. A ce triple point de vu, il est important de ne pas faire intervenir mal à propos l'idée de présomption. Quelques exemples montreront les erreurs qui en résultent.

122. L'article 1450 § 2 dit que si la femme séparée de bien aliène un immeuble et que le mari soit présent à la vente et y consent, il sera garant du défaut d'emploi ou de remploi.

Un auteur (1) a soutenu que ce texte établissait la présomption que le mari avait touché le prix. Or cette présomption peut être combattue par la preuve contraire. Par conséquent s'il était démontré qu'il n'avait pas touché le prix sa responsabilité disparaîtrait.

Il est certain que le texte ne dit rien de pareil et l'erreur provient de l'intervention intempestive de l'idée de présomption.

123. Il résulte de l'article 3 de la loi de 1855 qu'entre deux acquéreurs suscessifs d'un même im-

---

1. Marcadé, *Contrat de mariage*, tome, V, p. 585.

meuble celui qui a fait transcrire le premier ne peut
pas se voir opposer une aliénation antérieure mais
qui n'a pas été transcrite. M. Boissonnade (1) a
soutenu qu'il y avait dans ce texte une présomption
que le deuxième acquéreur avait ignoré la première
aliénation et que le premier pourrait lui déférer le
serment ou provoquer son aveu sur le point de savoir s'il avait ou non connu la première vente. Cette
idée est absolument contraire au texte de la loi et
à son but et elle n'a été suivie par aucun auteur (2).

124. Signalons enfin une intéressante question
qui s'élève sur l'article 138 du Code de commerce,
relatif à l'endossement de la lettre de change.

125. Il y a deux sortes d'endossement : l'endossement-transport et l'endossement-procuration. L'un
a pour but de transférer la propriété du titre ; l'autre n'est qu'un simple mandat donné par l'endos-
seur de toucher la valeur de l'effet de commerce.
L'article 137 indique quelles sont les mentions que
doit contenir l'endossement et l'article 138 dispose
que « si l'endossement n'est pas conforme aux dispositions de l'article précédent, il n'opère pas trans-
port ; il n'est qu'une procuration ».

126. On a vu dans ce texte une présomption et

1. *Revue pratique*, 1871, tome 30, p. 337.
2. Voy. Cas. req. 27 nov. 1893. Sirey, 1894. 1. 385 et la
note de M. Lyon-Caen,

l'on s'est demandé si c'était une présomption *juris
tantum* ou *juris et de jure* ; si malgré l'absence des
formalités le juge pourrait néanmoins décider qu'il
y a endossement-transport. Il y a eu des opinions
dans les deux sens ; peut-être si l'on n'avait pas
placé la question sur le terrain de la présomption,
se serait-on entendu. Il est certain que les deux
opérations sont également légitimes ; on ne voit pas
pour quelle raison le législateur aurait interdit au
juge de rechercher l'intention des parties. La loi dit
simplement qu'en cas de doute sur la volonté des
parties et en l'absence des formalités de l'art. 137
on admettra que l'endossement n'est qu'une procuration.

§ 2. — *Les présomptions* juris et de jure.

127. Ce sont, dit l'article 1352, § 2, les cas où
« sur le fondement d'une présomption, la loi annule
des actes ou dénie l'action en justice ». C'est à peu
près les définitions de l'ancien droit : *jus aliquid
præsumit et super præsumpto statuit.* Mais la loi a
voulu expliquer ce dernier mot. La formule ancienne
disait bien ce qu'était la présomption *juris et de jure :*
une règle de droit fondée sur une présomption et

n'admettant pas la preuve contraire. Mais à la question : quelles sont les présomptions *juris et de jure?* on répondait : ce sont celles qui n'admettent pas la preuve contraire et on citait des exemples.

128. Le Code civil a voulu donner une formule plus explicite mais l'expression « dénie l'action en justice » n'est pas très heureuse. Il est impossible de la prendre à la lettre car dans notre droit il ne peut pas être question d'interdire à quelqu'un l'accès des tribunaux ; on a dit qu'il s'agissait des hypothèses où la loi accorde une exception péremptoire : mais nous croyons que la notion d'exception n'existe plus dans notre droit (1). D'ailleurs les exemples que l'on cite de ces exceptions, la chose jugée, la prescription ne sont pas, nous l'avons vu, des présomptions *juris et de jure.*

129. Nous croyons qu'il faut entendre ces mots dans le sens suivant : il y a présomption *juris et de jure* quand, sur une preuve légale qu'elle présuppose, la loi établit une règle de droit impérative.

130. Signalons quelques-uns des exemples les plus intéressants de présomptions *juris et de jure.*

1° Les règles qui établissent la nullité des actes accomplis par le mineur ou par l'interdit.

---

1. Voyez Carré de Mallberg. *Thèse de doctorat,* 1887. Conclusion, p. 354.

Le développement des facultés intellectuelles varie suivant les individus. En théorie la capacité juridique devrait, pour chacun, correspondre au moment où l'intelligence est suffisamment développée pour comprendre toute la portée des actes que l'on accomplit. Il faudrait donc, dans chaque cas, pour savoir si un acte est valable ou non, rechercher si son auteur était en mesure de donner un consentement éclairé. Il est presque inutile de faire remarquer qu'en pratique ce système est impossible. Aussi à l'âge variable de la capacité réelle, la loi a substitué l'âge fixe de la capacité légale. Jusqu'à 21 ans, le mineur est présumé incapable et la loi lui donne une action en nullité pour faire tomber les actes qu'il a consentis.

L'aliénation mentale n'est pas un état permanent. Pendant les intervalles lucides l'interdit devrait pouvoir reprendre sa pleine capacité. La loi le lui interdit, d'une part pour éviter des recherches de preuves délicates et dangereuses, d'autre part pour empêcher que par les actes juridiques qu'il pourrait accomplir, il ne trouble l'administration du tuteur. Aussi, à l'incapacité temporaire de l'interdit, elle substitue une incapacité légale permanente. « Tous les actes accomplis par l'interdit sont nuls de droit » c'est-à-dire, qu'il suffira de prouver que l'interdit était sous le coup d'un jugement d'interdiction pour faire tomber les actes qu'il a accomplis.

2° L'article 691 qui établit que les servitudes discontinues ne peuvent s'acquérir que par titres. C'est une règle absolue fondée sur la présomption que la possession de ces servitudes a toujours le caractère légal de simple tolérance. Ainsi quand une personne puise de l'eau à la fontaine de son voisin ou passe sur son fonds il y a une présomption que ces actes ne sont permis qu'en vertu d'une simple tolérance du propriétaire, en vertu d'une concession bienveillante et révocable.

3° L'article 909 établit contre les médecins, officiers de santé, pharmaciens et ministres du culte qui ont soigné une personne pendant la maladie dont elle est morte une incapacité relative de recevoir. C'est une règle absolue fondée sur une présomption de suggestion et de captation.

4° L'article 918 dispose que « la valeur en pleine propriété des biens aliénés soit à charge de rente viagère, soit à fonds perdu ou avec réserve d'usufruit, à l'un des successibles en ligne directe, sera imputée sur la portion disponible et l'excédent, s'il y en a, sera rapporté à la masse ». La loi présume que ces dispositions cachent des avantages indirects mais elle les considère comme faits avec dispense de rapport.

131. On a cru voir aussi une présomption dans les règles des articles 847 et 849 du Code civil qui sont ainsi conçus : Art. 847 : « Les dons et legs faits au fils de celui qui se trouve successible à l'époque de l'ouverture de la succession sont toujours réputés faits avec dispense de rapport ». Article 849 : « Les dons et legs faits au conjoint d'un époux successible sont réputés faits avec dispense de rapport. »

Dans notre ancien droit, dans les coutumes qui n'admettaient pas la dispense de rapport, les libéralités faites au fils, au père, ou au conjoint d'un successible étaient présumées faites au successible lui-même et devaient par conséquent être rapportées par ce dernier. C'est ce qu'on appelait les rapports faits pour autrui. Notre Code civil aurait consacré la même présomption, mais n'en aurait pas accepté la conséquence en obligeant le successible au rapport. Nous croyons, avec un grand nombre d'auteurs, que cette présomption n'a pas de raison d'être sous l'empire du Code civil qui admet les dispenses de rapport. Pourquoi supposer que le *de cujus* qui veut accorder cette dispense à l'un des successibles prendra la voie de l'interposition de personnes au lieu d'agir ouvertement ? Les articles 162 et 163 du projet exprimaient d'ailleurs en termes très nets la volonté du législateur.

Article 162. « L'héritier n'est tenu de rapporter que le legs qui lui a été fait personnellement. »

Article 163. « Le père ne rapporte pas le don fait à son fils non successible (1) ».

132. Nous avons déjà dit que c'était une question très délicate que de distinguer les présomptions *juris et de jure* et les présomptions véritables qui n'admettent pas la preuve contraire. Il semble en effet que ce soit pure subtilité que de séparer les deux choses. Dire que l'époux et les enfants d'un incapable sont présumés interposés par rapport à lui sans qu'on puisse prouver le contraire ou bien les libéralités faites à l'époux ou aux enfants d'un incapable sont nulles ; n'est-ce pas la même chose ? Dire : la remise du titre est une présomption de libération qui n'admet pas la preuve contraire ou bien : le débiteur est libéré par la remise du titre, ne sont ce pas là deux manières d'exprimer la même idée ?

133. Il y a cependant une différence entre la présomption légale absolue et la présomption *juris et de jure*. Dans la présomption légale, c'est la question de preuve tranchée par la loi qui est prépondérante ; c'est elle qui constitue le fond même de la disposition.

1. Voy. en sens contraire, Larombière, tome VII, p. 7, Aubry et Rau, tome VI, p. 621, note 3.

L'essence de la présomption légale, nous l'avons dit, c'est d'être une preuve faite par la loi.

Au contraire dans la présomption *juris et de jure*, c'est la règle de droit qui est essentielle. La présomption légale sur laquelle elle est fondée, la preuve faite par la loi est pour ainsi dire absorbée dans cette règle de droit, *submissa per statutum*, disait-on dans l'ancien droit. Il en résulte une conséquence pratique très importante.

134. La présomption légale, étant une preuve, peut admettre la preuve contraire : du moins on peut, en présence d'une présomption légale, se demander si elle admet ou non la preuve contraire, tandis que la question de savoir si la preuve contraire est permise contre la présomption qui sert de fondement à une présomption *juris et de jure* ne se pose même pas. La règle est absolue et par conséquent elle s'applique dans toutes les hypothèses, dès que les conditions exigées par la loi pour son existence sont remplies. La solution est donnée par la jurisprudence pour l'hypothèse de l'article 909. « La présomption de suggestion et de captation sur laquelle est fondée l'incapacité de recevoir par disposition entre-vifs ou testamentaires édictée par l'article 909 du Code civil est une présomption *juris et de jure* contre laquelle aucune preuve contraire n'est admise. Par suite la prohibition de cet article est absolue et

en dehors des exceptions qu'elle formule il ne peut être permis d'en tempérer la rigueur par des applications arbitraires, spécialement de rechercher si la libéralité faite au médecin a eu pour cause déterminante les rapports de parenté et d'affection qui l'unissaient au disposant ».

135. Il faut donner les mêmes solutions pour les autres hypothèses : on ne pourrait pas, à propos de l'article 918, rechercher si les actes visés par la loi sont des actes à titre onéreux ; on ne pourrait pas sur l'article 591, prouver que les actes sur lesquels on voudrait fonder une prescription n'ont pas le caractère d'actes exercés à titre de simple tolérance.

136. L'intérêt pratique de la distinction est surtout considérable si l'on admet avec la jurisprudence que les présomptions absolues qui ne sont pas fondées sur un intérêt public peuvent être combattues par l'aveu et le serment, car cette réserve n'existerait pas pour les présomptions *juris et de jure*. Mais nous dirons plus loin (1) que cette théorie ne nous paraît pas exacte et que les présomptions absolues ne peuvent être combattues par d'autres preuves que celles que la loi a réservées. Cela diminue évidemment pour nous l'intérêt pratique de la distinction, mais cela n'empêche pas qu'elle devait être faite, puisque

---

1. Nᵒˢ 291 et s.

la solution que nous soutiendrons est presque isolée. De plus, théoriquement, les présomptions *juris et de jure* et les présomptions absolues se distinguent nettement ; historiquement, elles correspondent à des institutions juridiques différentes.

A ce triple point de vue il était important de marquer nettement en quoi elles se séparaient.

137. En distinguant, comme nous venons de le faire dans cette section, les présomptions légales véritables d'une foule d'autres dispositions avec lesquelles on les avait confondues, nous n'avons fait que suivre une voie déjà frayée par d'autres auteurs. Mais il était indispensable de faire deux catégories de ces prétendues présomptions, de faire revivre sous leur aspect véritable les présomptions *juris et de jure* de notre ancien droit et de montrer qu'elles étaient tout à fait distinctes des présomptions légales absolues avec lesquelles on les confond dans notre langage moderne sous le nom de présomptions *juris et de jure*.

138. Faute d'avoir fait cette double distinction, on est resté dans le vague, c'est-à-dire dans l'erreur. Ainsi M. Demolombe dit :

« Il y a des dispositions législatives qui ne cons-
« tituent pas des présomptions proprement dites
« bien qu'elles puissent en avoir l'apparence. Est-ce
« par exemple une présomption légale, la disposi-

« tion par laquelle la loi déclare les mineurs et in-
« terdits incapables de contracter et soumet à une
« action en nullité ou en rescision les conventions
« qu'ils auraient faites? Non dans la rigueur logique
« de cette classification. C'est une loi d'incapacité
« personnelle fondée sur ce motif que les mineurs
« par suite de l'inexpérience et les interdits par
« suite du dérangement de leurs facultés n'ont pas
« l'intelligence nécessaire pour contracter. Mais les
« motifs sur lesquels une disposition de loi est fondée
« ne lui impriment pas pour cela le caractère d'une
« présomption. Autrement toutes les dispositions
« législatives revêtiraient ce caractère. Ce qui ca-
« ractérise donc la présomption légale c'est qu'elle
« est une conséquence déduite par la loi d'un fait
« connu à un autre fait qui est inconnu (1) ».

139. On voit que le savant auteur indique la difficulté plutôt qu'il ne la résout. Il se contente de répéter pour caractériser la présomption, la définition
de la loi, ce qui est insuffisant pour marquer les différences qu'elle présente avec les dispositions législatives avec lesquelles on la confond. La loi qui déclare les mineurs et interdits incapables de contracter n'est pas une présomption au sens propre : c'est
juste. Mais qu'est-elle? Comment la distinguer des

1. Demolombe, tome 30, page 235.

présomptions et comment en distinguer les dispositions législatives qui lui ressemblent? L'auteur ne
nous le dit pas.

140. M. Larombière (1), ne pose guère non plus
qu'une affirmation. « Mais il ne faut confondre ni
« dans leur principe ni dans leurs effets les pré-
« somptions légales dont nous nous occupons ici
« avec certaines dispositions de la loi qui dans des
« vues d'ordre public ou d'intérêt privé statuent soit
« sur le fond, les formes et les conditions des actes
« et des contrats, soit sur les droits et les obliga-
« tions, l'état et la qualité ou la capacité des per-
« sonnes. Les dispositions de cette nature peuvent
« bien être fondées sur des présomptions particu-
« lières mais ces présomptions ne sont que les mo-
« tifs de la loi et elles n'ont aucun rapport avec les
« présomptions légales proprement dites dont le
« caractère propre et essentiel est de tenir lieu des
« preuves et de dispenser de toute preuve. »

C'est bien là en effet le caractère des véritables
présomptions légales mais il ne fallait pas mêler
ensemble toutes les dispositions de loi dont elles se
séparent. Parmi celles-ci il en est, nous l'avons vu,
qui n'ont avec elles aucun rapport, mais il en est
d'autres qui ne s'en distinguent que par des nuances

1. Larombière, t. 7, page 8.

assez délicates à tracer : ce sont les présomptions *juris et de jure*. Cette distinction était tout à fait capitale et elle permettait seule de jeter la lumière dans cette théorie très compliquée.

Section IV. — *Énumération des principales présomptions légales.*

142. Nous avons dit dans notre premier chapitre ce que sont les présomptions légales ; nous venons de séparer d'elles toutes les dispositions légales avec qui on les avait confondues ; il nous faut maintenant énumérer quelles sont les principales présomptions consacrées par la loi.

143. Nous trouvons d'abord, en suivant les articles du Code civil :

La présomption de l'article 312 et les présomptions accessoires qu'a nécessitées son application.

La présomption de mitoyenneté de l'article 653 « tout mur est réputé mitoyen s'il n'y a titre ou marque du contraire. »

Les présomptions des articles 720 et 722.

Les présomptions d'interposition de personnes des articles 911 et 1100.

Les présomptions de remise de dette des articles 1282 et 1283.

L'article 1332. « L'écriture mise par le créancier à la suite, en marge ou au dos d'un titre qui est toujours resté en sa possession, fait foi, quoique non signée par lui, lorsqu'elle tend à établir la libération du débiteur.

Les présomptions des art. 1384 et suivants.

L'article 1402 : « Tout immeuble est réputé acquêt de communauté s'il n'est prouvé que l'un des époux en avait la propriété ou possession légale antérieurement au mariage ou qu'il lui est échu depuis à titre de succession ou de donation ».

L'article 1499 : « Si le mobilier existant lors du mariage ou échu depuis n'a pas été constaté par inventaire ou état en bonne forme, il est réputé acquêt.

L'article 1731 : « S'il n'a pas été fait d'état des lieux, le preneur est présumé les avoir reçus en bon état de réparations locatives et doit les rendre tels sauf la preuve contraire ».

L'article 1908 : « La quittance du capital donnée sans réserve des intérêts en fait présumer le paiement et en opère la libération. »

L'article 2268.

Enfin les prescriptions de 6 mois, d'un an et de deux ans établies par les articles 2271 à 2273 sont des présomptions de paiement.

144. En droit commercial, nous citerons notamment :

L'article 189 qui établit une prescription de cinq ans pour les actions relatives aux lettres de change et aux billets à ordre, prescription, qui n'est autre chose qu'une présomption légale de paiement ;

La présomption de la lieue et demie par heure de l'article 366 ;

Les présomptions des articles 559 et 562, les seuls textes où la loi indique formellement la présomption légale ;

Les présomptions de l'article 638.

145. Les faits que la loi présume sont, on le voit, aussi variés que possible : la propriété, la libération, l'état, la qualité des personnes, même des faits purement matériels (article 1731). Ces présomptions sont établies soit dans un intérêt privé (article 1282, 1908), soit dans des vues d'ordre public (article 1384, art 312, etc.), et cette distinction présente, nous le verrons, au moins dans une certaine théorie, un grand intérêt pratique.

146. Mais en dehors des textes que nous venons de citer et qui très certainement établissent des présomptions légales il y a quelques hypothèses douteuses où l'on peut discuter le point de savoir si elles consacrent ou non une présomption légale. Nous allons examiner en ce sens les articles 1 et 2 de la loi de 1865 sur le chèque, les articles 1431 et 1733 du Code civil.

147. Les articles 1 et 2 de la loi de 1865 sont ainsi conçus :

Article 1. « Le chèque est l'écrit qui sous la forme d'un mandat de paiement sert au tireur à effectuer le « retrait » à son profit ou au profit d'un tiers de tout ou partie des fonds portés au crédit de son compte chez le tiré et disponibles.

Article 2. — Le chèque ne peut être tiré que sur un tiers ayant *provision* préalable ; il est payable à présentation.

148. On a dit que ces deux textes consacraient la présomption suivante « que le chèque était payé des deniers du tireur ».

Par conséquent quand le tiré, un banquier par exemple, réclame à son client, le tireur, le remboursement d'un chèque qu'il a payé sur son ordre, il doit démontrer que le paiement a été fait de ses propres deniers pour renverser la présomption légale écrite dans la loi au profit du tireur.

149. Nous ne croyons pas que cette présomption soit écrite dans la loi. La provision peut être le résultat soit de deniers fournis par le tireur soit d'une ouverture de crédit faite par le tiré. L'article 1 parle du reste de fonds portés « au crédit » du compte du tireur. Le tiré joue dans l'espèce le rôle d'un man-

— 85 —

dataire qui a payé la dette d'autrui. Il n'a rien à
prouver que l'existence du paiement. C'est au tireur
à prouver que le tiré était couvert (1).

150. L'article 1431 dispose que « la femme
qui s'oblige solidairement avec son mari pour les
affaires de la communauté et du mari n'est réputée à
l'égard de celui-ci s'être obligée que comme caution ;
elle doit être indemnisée de l'obligation qu'elle a
contractée ».

151. Il y a au titre des obligations solidaires un
article qui présente avec l'article 1431 une assez
grande analogie. C'est l'article 1216 ainsi conçu :
« Si l'affaire pour laquelle la dette a été contractée
solidairement ne concernait que l'un des coobligés
solidaires, celui-ci serait tenu de toute la dette vis-à-
vis des autres débiteurs, qui ne seraient considérés
par rapport à lui que comme ses cautions ».

152. Il est certain que dans les deux cas il s'agit
seulement d'une question de contribution aux dettes : les débiteurs solidaires dans un cas, le mari et
la femme dans l'autre, sont tenus pour le tout vis-à-
vis du créancier. La question vise seulement les
rapports des codébiteurs entre eux.

153. Il est certain aussi que dans le cas de l'article 1216, c'est au débiteur qui prétend n'avoir pas

1. Voyez en sens contr.Cass.Req.,25 mai 1892,Sirey 1892.
1, 369. La note qui accompagne l'arrêt est en notre sens.

d'intérêt dans la dette à faire la preuve. Qu'il agisse en remboursement de ses avances, ou qu'il défende au procès que lui intente son codébiteur, c'est toujours à lui à prouver qu'il n'avait pas d'intérêt dans la dette.

154. Dans les mêmes conditions, sera-ce à la femme à prouver que la dette lui est étrangère ? l'article 1431 n'est-il qu'une application de l'article 1216 ? ou bien au contraire ce texte pose-t-il la présomption légale que la femme n'a pas d'intérêt quand elle contracte solidairement avec son mari, que l'affaire ne concerne que la communauté ou le mari : ce qui impliquera, pour le mari ou ses héritiers qui voudront être remboursés l'obligation de prouver le contraire ?

155. Nous croyons que cette dernière hypothèse est la seule exacte ; elle correspond très bien en effet à l'idée vraie ou fausse que se fait le Code de la situation de la femme dans le mariage. Il redoute toujours les abus d'influence de la part du mari et il multiplie les protections en faveur de la femme. Et puis pourquoi ce texte spécial si la loi n'avait pas voulu déroger au droit commun de l'article 1216 ?

156. On objecte un argument de texte. L'article porte : « la femme qui s'oblige *pour les affaires de la communauté ou du mari.* » Donc, dit-on, elle doit, pour invoquer le texte, prouver que l'affaire inté-

resse la communauté ou le mari. Mais c'est prêter une absurdité au législateur puisque cela reviendrait à dire que quand il est démontré que la femme qui s'est obligée solidairement avec son mari n'est pas intéressée dans la dette, elle est réputée ne pas l'être. Le texte est mal rédigé. La loi a voulu dire que quand la femme s'oblige solidairement avec son mari il y a une. présomption légale que l'affaire intéresse la communauté ou le mari.

157. L'article 1733, enfin, établit-il une présomption de faute des locataires d'une maison en cas d'incendie et les cas qu'il cite sont-ils des moyens limitativement énumérés pour combattre cette présomption, ou bien l'article 1733 ne fait-il que rappeler les règles du droit commun ?

158. Le texte est ainsi conçu :

« Le locataire répond de l'incendie à moins qu'il ne prouve que l'incendie est arrivé par cas fortuit, force majeure ou vice de construction.

« Ou que le feu a été communiqué par une maison voisine ».

159. Un parti important dans la doctrine soutient qu'il n'y a là qu'une simple application de l'article 1302 en vertu duquel le débiteur d'un corps certain est libéré de l'obligation de restituer la chose quand elle a péri sans sa faute. Ainsi le locataire serait libéré pourvu qu'il établisse qu'il n'est pas en faute,

et les cas indiqués par le texte ne seraient énumérés que parce qu'ils sont le plus souvent invoqués, mais le débiteur pourrait, pour se libérer, invoquer toutes les circonstances possibles de nature à justifier qu'il n'est pas en faute.

160. Une jurisprudence constante depuis 1882 admet qu'il y a dans l'article 1733 une présomption de faute. En fait l'incendie a généralement pour cause l'imprudence de ceux qui habitent la maison. La loi ne fait que transformer cette probabilité de fait en une preuve légale et indique limitativement par quels moyens cette preuve pourra tomber. Nous croyons cette théorie meilleure parce qu'elle rend mieux compte du texte.

161. On objecte souvent contre l'existence d'une présomption légale dans l'article 1733 qu'il ne renverse pas le fardeau de la preuve. En effet, conformément au droit commun, le locataire de la maison, débiteur du corps certain, est obligé de justifier des causes qui ont produit l'exstinction de son obligation. Mais nous avons déjà dit que ce fait ne mettait pas obstacle à l'existence d'une présomption légale attendu que la présomption légale est une dérogation aux règles sur l'objet et non sur le fardeau de la preuve.

162. Nous savons maintenant ce que sont les pré-

somptions légales et ce qu'elles ne sont pas ; il nous
resterait à étudier leurs effets mais, conformément
au plan que nous nous sommes tracé, nous devons
étudier ici l'histoire des présomptions légales.

CHAPITRE III.

163. Les interprètes modernes n'ont guère remonté dans l'histoire des présomptions au-delà de Pothier. Quelques-uns citent bien en outre quelques passages tirés d'Alciat ou de Menochius, mais c'est tout. Or ici comme dans beaucoup d'autres théories, c'est insuffisant.

164. La théorie de Pothier n'est en effet qu'un résumé infidèle des systèmes anciens ; quelques lambeaux de phrases tirés d'ouvrages extrêmement étendus sont insuffisants pour donner une idée des idées qu'ils renferment. Enfin et surtout la théorie moderne des présomptions légales ne peut se comprendre bien qu'à la lumière de l'histoire ; nous avons dit par avance que l'ancien droit seul pouvait expliquer l'article 1352, § 2 ; nous verrons de plus que toutes les erreurs commises, toutes les confu-

1. Voyez Burkhard, *Die civilistichen Presumptionen*, p. 11 et s., p. 87 et s.

sions qui se sont produites aujourd'hui dans la théorie des présomptions peuvent s'expliquer par l'existence d'erreurs analogues chez nos anciens auteurs, par le souvenir de règles anciennes abolies par notre droit mais conservées sous l'influence d'une longue tradition malgré l'admission de principes nouveaux.

La théorie ancienne des présomptions légales a été édifiée sur les textes du droit romain. C'est donc par une analyse rapide des textes romains sur la matière qu'il convient de commencer.

Les présomptions en droit romain.

165. Le titre 3 du livre 22 du Digeste est consacré aux preuves et aux présomptions. C'est là que nous devons trouver le sens qu'attachaient les Romains à la présomption dans ses rapports avec la théorie de la preuve.

166. Les deux textes qui dans ce titre sont relatifs aux présomptions sont les fragments 24 et 25, l'un relatif au billet barré, l'autre à la répétition de l'indû. Le premier de ces textes est ainsi conçu : « *Si chirographum cancellatum fuerit licet præsumptione debitor liberatus esse videtur in eam tamen quantitaten quam manifestis probationibus creditor sibi ad huc deberi ostenderit, recte debitor convenitur.* »

165. Dans ce texte le sens du mot présomption est très net. C'est la preuve d'un fait déterminé, la libération, résultant d'une circonstance déterminée la cancellation du titre. Mais cette preuve peut être détruite « *manifestis probationibus.* » Remarquons d'ailleurs que ce que le texte met en évidence c'est la preuve contraire qui doit être faite par le créancier. Le caractère que ce texte semble attribuer à la présomption est donc plutôt celui d'une dérogation aux règles sur *l'objet* de la preuve que d'une dérogation aux règles sur le fardeau de la preuve.

168. L'idée que nous donne de la présomption le fragment 25 est tout à fait différente.

169. Il s'agit de l'action en répétition de l'indû et le jurisconsulte se demande à qui incombe le fardeau de la preuve. Est-ce au demandeur à prouver l'indû ? Est-ce au défendeur à prouver au contraire qu'il n'a reçu que son dû. Le jurisconsulte distingue. Si, dit-il, le défendeur a commencé par nier le fait même du paiement et que le demandeur ait prouvé ce fait d'une façon péremptoire, alors c'est au défendeur à prouver que la chose lui était bien due. Car ce serait absurde, après qu'il a été convaincu de mensonge de forcer encore son adversaire à prouver qu'il ne devait pas. Le texte continue :

Sin vero ab initio confiteatur quidem suscepisse pecunias, dicat autem non indebitas fuisse solutas, PRÆ-

SUMPTIONEM VIDELICET PRO EO ESSE QUI ACCEPIT NEMO DUBITAT : *qui enim solvit nunquam ita resupinus est ut facile suas pecunias jactet et indebitas effundat et maxime si ipse qui indebitas dedisse dicit homo diligens est et studiosus paterfamilias cujus personam incredebile est in aliquo facile errasse et ideo eum qui dicit indebitas solvisse compelli ad probationes quod per dolum accipientis vel aliquam justam ignorantiæ causam indebitum ab eo solutum et nisi hoc ostenderit nullam eum repetitionem habere* ».

170. Ainsi tandis que dans l'hypothèse précédente la présomption était la preuve d'un fait établie par la loi et ayant pour conséquence de changer l'objet de la preuve, la présomption semble ici avoir pour but de déterminer à qui incombe le fardeau de la preuve. S'il y a une présomption en faveur de l'une des parties ce sera à l'autre à faire la preuve. Entre ces deux idées laquelle choisir ? La question ne peut pas faire de difficulté.

Si dans l'hypothèse de la loi 25 c'est au demandeur qu'il appartient de faire la preuve, ce n'est pas du tout parce qu'il y a une présomption en sa faveur, c'est par application des règles générales sur le fardeau de la preuve. *Onus probandi incumbit actori.* C'est au demandeur, à celui qui veut innover sur l'état de fait existant, à faire la preuve. Le motif que donne le jurisconsulte n'est là que pour co-

lorer une solution qui résulte des principes généraux. Cela est si vrai qu'on pourrait changer l'hypothèse et au lieu d'un *paterfamilias* diligent, en supposer un tout à fait négligent sans changer la solution. Il sera obligé quand même de faire la preuve
bien qu'il y ait plus de probabilité pour qu'il ait
payé sans avoir de dette. Seulement, en raison des
circonstances de fait, la preuve pourra être plus difficile pour l'un que pour l'autre.

171. C'est dans le même sens qu'il faut entendre
la disposition contenue dans le fr. 23 pr. D. liv. 4,
tit. 2. Une personne intente l'*actio quod metus causa*
pour réclamer le remboursement d'une somme qu'elle
prétend avoir payée sous l'influence de menaces.
Elle doit faire la preuve parce qu'elle est demande-
resse ; mais, en raison des circonstances du fait cette
preuve sera difficile. En effet, dit le texte : *claram
dignitatem se habere prætendebat cum potuerit jus pu-
blicum invocare et adire aliquem potestate præditum qui
utique vim eum pati prohibuisset.* » Elle devra opposer des preuves très fortes pour les faire tomber :
*hujusmodi præsumptioni debet apertissimas probationes
violentiæ opponere.* On le voit : ces circonstances de
fait, ces présomptions qui font présumer le mal-fondé
de sa demande n'ont rien à voir avec son obligation
de faire la preuve.

172. Si nous insistons sur cette idée, c'est que les

jurisconsultes, sur la foi de ces textes, ont parlé de présomptions dans des cas nombreux où il n'y avait qu'une simple application des règles ordinaires sur le fardeau de la preuve. Cette erreur devait contribuer à étendre d'une façon incalculable le nombre des présomptions. En effet il n'y a pas une hypothèse où il n'eût pas été possible de trouver une présomption, soit en faveur de l'une des parties, soit contre l'autre.

173. En dehors du titre *de probationibus et præsumptionibus* qui nous donne déjà deux idées complètement différentes sur la présomption, les jurisconsultes romains ont encore employé ce mot pour désigner des dispositions juridiques d'un ordre tout différent. Sans vouloir analyser ici les différents textes où ce mot est employé, nous indiquerons seulement quelques-unes des idées principales que l'on comprend sous le nom de présomptions.

177. Dans un grand nombre de textes on emploie le nom de présomptions pour désigner l'interprétation que donne la loi de la volonté de deux contractants ou de celle d'un testateur, dans certains cas où il y a doute sur cette volonté.

Ainsi dans la loi 57, *de jure dotium*, 23, 3. La fiancée d'un fils de famille a promis en dot à son futur beau-père la créance qu'elle a sur son fiancé. Faut-il entendre qu'il s'agit de la dette du fils ou seulement de ce qu'elle aurait pu obtenir du père par l'action *de peculio* ou *de in rem verso. Si non evidenter appareat*, dit le jurisconsulte, *de cujus mulier obligatione senserit, præsumptionem ad filii debitum spectare verisimile est, nisi evidentissime contrarium approbetur.*

Citons encore dans le même sens la loi 5 C. *de servis necessariis* ; le fr. 40 § 7, D. *de statuliberis liv.* 40, titre 7.

178. Dans d'autres textes, on se sert du mot présomption pour qualifier des règles de droit impératives, des dispositions arbitraires du législateur.

Ainsi dans la loi 7, C. 8, 15, qui étend aux provinces la règle d'après laquelle le bailleur a un gage sur les *invecta et illata*, Justinien dit : *tali enim justa præsumptione etiam nostros provinciales perpotiri desideramus.*

De même la loi unique C. § 13, *de rei uxoriæ actione*, 5, 13, qui accorde à la femme une *actio ex stipulatu* pour réclamer à la dissolution du mariage le montant de la dot que lui a constituée un étranger alors que cet étranger ne s'est pas réservé expressément cette action pour lui-même. Le texte dit *præsumatur mulierem ipsam stipulationem fecisse*, mais ce n'est qu'une façon de parler : il y a là certainement une disposition arbitraire créée par le législateur.

179. Dans une troisième acception on emploie le

mot présomption pour désigner les motifs sur lesquels sont fondées certaines dispositions légales.

Ainsi la nov. 22, chap. 35, interdit à la femme remariée de révoquer sous prétexte d'ingratitude les donations qu'elle a faites aux enfants de son premier mariage : *non enim sincero judicio ingratitudinem objicere videtur, sed ad secundas respiciens in eam cogitationem venisse præsumetur.*

De même la loi ult. § 1. C. *Ad se Maced.* 4, 28, renferme une exception à la règle du sénatus-consulte Macédonien en faveur du fils de famille soldat, le texte dit *ex præsumptione omnis miles non creditur in aliud quidquam pecuniam accipere et expendere nisi in causas castrenses.*

180. Citons enfin ce quatrième caractère de la présomption dans le fr. 11. § 1, de *reb. dub* 34, 5. La liberté a été léguée à une esclave sous cette condition *si primum marem pepererit.* Elle met au monde un garçon et une fille et l'on ne peut pas savoir lequel des deux enfants est né le premier. Le texte décide :

In ambiguis rebus humaniorem sententiam sequi oportet, ut tam ipsa libertatem consequatur, quam filia ejus ingenuitatem quasi per præsumptionem priore masculo edito.

181. Ce que l'on peut conclure de cette revue rapide des textes romains c'est que le mot présomp-

tion a été pris par les textes dans des sens divers et attribué à des dispositions juridiques d'ordre et d'effets complètement différents. Mais rien n'indique, rien n'autorise à supposer que les jurisconsultes romains aient entendu les mettre sur le même pied, les ranger dans une même catégorie. L'erreur capitale des anciens jurisconsultes a été précisément de classer sous une même étiquette ces règles de droit tout à fait distinctes en ajoutant d'ailleurs dans chaque sorte un certain nombre d'autres textes qui sans renfermer le mot de présomption, en contenaient cependant l'idée. Ils se sont laissés entraîner par le mot sans chercher suffisamment à analyser l'idée ou les idées qui pouvaient s'y attacher.

182. On sait que ce sont les glossateurs qui procédèrent les premiers à l'élaboration scientifique du droit romain. Ils eurent le rare mérite de fixer le texte et de construire parfois des théories heureuses. « C'est à eux aussi que sont dus une multitude de termes techniques les uns exacts et conformes aux sources, les autres faux et mal choisis dont l'emploi opiniâtrement conservé a malheureusement amené plus tard beaucoup d'erreurs et de confusion ». Cette dernière idée reçoit malheureusement en notre matière une confirmation trop éclatante ; ce sont eux qui ont inventé les présomptions *juris et de jure* et cette idée a toujours jeté et jette encore

aujourd'hui la plus grande confusion dans notre théorie.

183. Pour ne pas compliquer ces notions historiques nous ne prendrons que la théorie de la *glossa ordinaria*.

Accurse parle des présomptions dans deux passages. D'abord à propos du tit. 3 liv. 22, *De probationibus et præsumptionibus* puis sur la loi loi ult. pr. liv. 4, tit. 2. *De eo quod metus causa.*

184. Tandis, dit-il dans le premier passage, que la preuve fait pleine foi, *præsumptio autem est triplex. Nam quædam est talis cui statur etiam si contra quis probaret, fr. 1. pr. C. R. V.*

Alia cui statur donec contrarium probetur ut si res fuit patris heredis esse præsumatur; alia cui non statur aliquo modo nisi adminicula habeat ut probatio per privatum instrumentum.

185. Le commentaire sur la loi ult. pr. *quod metus causa,* 4, 2, que nous avons expliquée plus haut est un peu plus complet.

Ut plene scias dic præsumptio alia juris et de jure alia hominis, alia naturæ, alia facti.

De prima habes de muliere tacite stipulata contra quam præsumptionem non admittitur probatio in contrarium. Sed hæc appellat «alius præsumptio legis», sicut et dicitur «præsumptio canonis» et hæc magis dicitur «fictio».

Hominis autem præsumptio tam secundum leges quam

secundum canones est illa de qua hæc lex dicit : contra quam recipitur probatio in contrarium : nam et si aliquis malam famam habuit, secundum canones potest se purgare et hæc duplex : nam quandoque transfert onus probationis quandoque non : sed durius astringat ad probandum.

Naturæ. Par exemple si j'exhérède mon héritier il est à présumer que je l'ai exhérédé injustement et cela *propter naturam.* La conséquence c'est qu'il appartient à l'institué de prouver la juste cause d'exhérédation.

Enfin la présomption *de fait* qui se tire d'un fait précédent ou d'un fait subséquent. Ainsi celui qui a accusé une fois à tort ne doit plus être écouté quand il accuse une autre fois (7. 3. D. 48). Et comme exemple de fait subséquent celui du fr. 34 § 6, liv. 9, tit. 9. Une personne accusée d'adultère se défend en alléguant la parenté qui la lie à celui qu'on prétend son complice. Plus tard elle épouse le prétendu parent. On tire de là une présomption contre elle.

186. En dehors de ces deux passages principaux il y a encore des exemples de présomptions dans la glose. Ce qu'elle désigne par ce mot ce sont ou des probabilités de fait ou des règles générales sur le fardeau de la preuve, des preuves d'un degré inférieur. On prouve que l'homicide n'a pas été volontaire, *probando amicitiam et affinitatem et qualitatem occidentis.*

Præsumitur quis remanere in eadem voluntate.

*Testis unus inducit præsumptionem non autem ple-
nam probationem.*

Præsumitur quilibet sanæ mentis, et à côté : *præsumitur quis non idoneus nisi probetur.*

*Præsumitur luere omnia et fieri posse a jure et esse
jure facta,* et à côté les nombreux cas où le dol est
présumé.

187. Telle est la théorie d'Accurse. Elle n'a pas
grande valeur. D'abord il ne nous dit pas ce qu'est
une présomption, soit en général, soit dans le sens
spécial qu'a ce mot dans la théorie de la preuve.
Nous savons que la présomption *juris et de jure* exclut
la preuve contraire mais nous ne savons ce qu'est
cette présomption ; nous savons que la présomption
de l'homme peut avoir deux effets différents mais
non quand elle aura l'un et quand l'autre.

Les deux dernières divisions *præsumptionis naturæ*
et *præsumptionis facti* reposent sur la nature même
de la présomption ; les deux premières sur son effet.
D'ailleurs les exemples que l'on donne ne concordent
pas avec la disposition elle-même. On présume qu'un
père exhérède son fils à tort parce qu'il est contraire
à la nature qu'un fils soit ingrat envers ses parents.
Mais n'est-il pas contraire à la nature qu'un père
exhérède son enfant sans motif légitime ? Enfin cet
exemple que l'on donne d'une présomption tirée du

fait précédent n'est-elle pas aussi une présomption naturelle ?

188. Le vice fondamental de cette théorie c'est l'absence de tout principe sur la nature même de la présomption. Cela permet de parler de présomption à propos de tout ce qui de près ou de loin a un rapport quelconque avec la théorie de la preuve. Ce défaut déjà saillant chez Accurse comme le montrent les exemples que nous avons cités se développera encore plus dans la suite.

189. A la même époque que les glossateurs les canonistes construisirent une théorie des présomptions relativement supérieure. Ils cherchèrent à dégager la notion de la présomption et essayèrent une classification reposant sur cette notion. Cette théorie a été formulée par Tancrède et reprise sans modification importante par les canonistes qui suivirent, Hostiensis, Goffredus, Panormitanus. Nous n'exposerons donc que la théorie de Tancrède.

190. Il donne d'abord une définition de la présomption qui est *argumentum ad credendum unum factum surgens ex probatione alterius facti.* Et il en donne un exemple qu'il est plus facile de dire en latin : *puta probatur conjacentia suspectarum personarum, præsumatur coitus intervenisse.*

191. Elle naît de sources différentes *ex loco, persona, tempore, ætate.* Tantôt elle fait pleine preuve,

tantôt demi-preuve. Cela varie suivant les différentes espèces de présomptions qui sont au nombre de quatre.

1° La présomption *téméraire*. 2° La présomption *probable* ou *judicis*. 3° La présomption *violente* ou *juris*. 4° La présomption *nécessaire* ou *juris et de jure*.

1° La présomption *téméraire*, *invalida est et repelletur a jure et in nullo debet movore animum judicis a malis hominibus ex causis vilibus surgit.*

Ainsi, dit-il, le seul fait de voir un homme causer avec une femme ne doit pas faire supposer des intentions coupables.

2° La présomption *probable* ou *judicis ex aliquibus suspicionibus et fama crebescente surgit.* Elle admet la preuve contraire, et si elle ne suffit pas à elle seule pour la condamnation, avec une déposition de témoin ou une présomption elle fait pleine foi ou permet au moins au juge de déférer le serment.

3° La présomption *violente* ou *juris* est ainsi appelée *qua jus præsumit ita esse*. Ainsi la présomption qui résulte du *chirographum cancellatum*, et la présomption que *nullus resignet personatum ecclesiæ et recepiat postmodo vicariam.*

4° La présomption *nécessaire* ou *juris et de jure. Cum vehementer præsumitur ita esse vel non esse et propter talem præsumptionem jus statuitur. Puta aliquis cognovit sponsam suam conditionalem jus præsumit purum consensum matrimonio adesse et statuit sententiandum pro matrimonio. Item si mulier invita tradita viro semel consensit in carniem copulam jus præsumit ibi matrimonium, vel si stetit cum eo per annum et dimidium non audiatur ulterius volens violentiam probare.*

192. Bien que supérieure à la théorie des glossateurs, celle des canonistes ne laisse pas moins cependant que de soulever de graves objections, car elle repose sur une base très fragile.

La présomption est, d'après Tancrède, la croyance à un fait résultant de la preuve d'un autre fait. C'est une probabilité qui aura des effets différents suivant qu'elle sera plus ou moins forte. Mais comme c'est le juge qui apprécie les différentes espèces de présomptions, qui doit dire si celle qu'il examine est téméraire ou probable ? il semble qu'il faudrait lui donner un critérium qui lui permette de faire la distinction. Tancrède essaie bien de le faire en disant que la présomption téméraire *surgit a malis hominibus ex causis vilibus,* l'autre *ex aliquibus suspiacionibus et fama crebescente.* Mais est ce que les soupçons ne peuvent pas être des causes viles ? Est ce que la renommée ne peut pas avoir été produite par les dires d'un *homo malus ?*

Et pour prendre les deux dernières divisions, est-ce que les deux exemples que l'on donne des présomptions *juris* ne sont pas deux choses totalement distinctes ?

Est-ce qu'il n'y a pas d'autre différence entre les présomptions *juris* et les présomptions *juris et de jure* que l'admission ou l'interdiction de la preuve contraire ? Enfin est-ce que dans les présomptions *juris et de jure* la présomption, la croyance à un fait résultant de la preuve d'un autre fait reste quelque chose de spécial ou ne disparaît-elle pas au contraire sous la disposition juridique, sous la règle de droit que le texte établit en se fondant sur elle ?

193. Les successeurs des glossateurs connus sous le nom de Conciliatores, Bartolistes ne firent pas avancer notre théorie des présomptions. Dans cette période qui va du 13ᵉ à la fin du 15ᵉ siècle, où la philosophie scolastique domine et absorbe pour ainsi dire toutes les sciences, les jurisconsultes ne remontent plus aux sources. Ils se bornent en général à répéter sous le titre de *repetitiones, consilia, decisiones, dissertationes, questiones* les controverses soulevées par les glossateurs.

194. Nous trouvons sur les présomptions des définitions nombreuses. Citons celle de Bartole : *lex aliquid præsumit super facto dubio et est proprie præsumptio* et celle de Baldus *ratiocinatio sumpta a verisimili.*

195. Les opinions les plus variées existent au

sujet de leurs effets : Tandis que Bartole dit que la présomption *facit plenam probationem in his quæ sunt consonæ veritati vel naturæ*, Jason (l. C. 6. 21) admet que la *præsumptio legis non est vera et propria probatio sed impropria et sic non habet locum in statutis.* Pour Decius les présomptions sont *liquidissimæ probationes* (Concilium IV. 3) et d'après Paulus de Castro, la présomption résulte *ex his quæ faciunt simplenam probationem.*

196. Pour la classification des présomptions il y a un peu plus d'unité et l'on voit se dégager assez nettement la distinction des présomptions de l'homme et des présomptions de la loi.

197. Nous arrivons au 16° siècle et à la renaissance de l'antiquité classique dont nous ressentons de suite l'heureuse influence.

198. La théorie de Duaren est de beaucoup ce qu'il y a de plus net et de plus clair dans tout l'ancien droit sur les présomptions. Il oppose la preuve oblique ou indirecte à la preuve directe. Dans celle-ci, ce que réclame le demandeur est prouvé directement, soit par des titres, soit par des témoins. Ainsi je prétends t'avoir prêté de l'argent et je produis des témoins qui déposent qu'ils ont assisté à la numération des deniers, ou bien je montre un titre où le prêt est consigné : *nullo artificio hic opus est ad fidem faciendam judici.*

Dans la preuve oblique, ce que réclame le demandeur ne résulte qu'indirectement de la déposition
des témoins ou la production de titres. *Hic arte ali-
qua opus est ut cognoscatur an id quod intenditur consequatur ex eo quod testes dicunt vel ex eo quod tabulis
continetur.*

Cette preuve artificielle comporte 3 degrés :

1° *Probatio certa et necessaria.* Ainsi : *si quis velit pro-
bari mulierem corruptam esse ex eo probabit quod in
mammis lac habeat ; si quis accuset aliquem quod ho-
minem certo dic vel certo loco occiderit, reus probabit se
alibi eo die fuisse.*

2° La simple conjecture.

3° *La probatio verisimilis seu credibilis,* qu'on appelle plus particulièrement *presomptio.* Duaren fait
observer que la probabilité est essentiellement variable et que c'est perdre son temps que de vouloir
comme Alciat établir une classification des présomptions. Aussi il se contente de donner des exemples :
Il cite la présomption de paternité qu'il analyse exactement et où il montre bien l'idée d'une vérité
légale : *non enim sequitur natus est filius constante matrimonio ex uxore, ergo ex ejus marito natus est sed est
præsumptio quidam juris.*

Parmi les autres exemples qu'il donne, citons celui
de la loi 4 D. 28 tit. 5 : un fils qui se prétend af-
franchi de la puissance paternelle doit faire la

preuve *quod credibilis est filium esse in patris sui potestate quam sui juris esse propter pietatem quam patri a filio debetur.*

La règle que l'on stipule pour soi et pour ses héritiers, qu'on ne présume pas le changement de volonté. De leg. III. 11. § 12.

199. Duaren a eu le mérite de distinguer clairement la preuve directe et la preuve indirecte et de montrer que la probabilité ne se mesure pas, qu'il est impossible de fonder sur cette idée une classification des présomptions. Mais il n'a pas su, bien qu'il ait très bien compris la présomption de paternité, dégager l'idée qui y était contenue, celle d'une preuve faite par la loi elle-même, et par conséquent il n'a pas marqué la place spéciale que pouvait occuper cette idée dans la théorie de la preuve. Tous les exemples qu'il donne ne se tiennent entre eux que par l'idée plus ou moins juste qui motive les solutions d'espèce contenues dans les textes qu'il cite ; en soi elles sont ou des présomptions véritables, ou des règles de droit, ou des applications à des hypothèses particulières des règles générales sur le fardeau de la preuve, la prétendue présomption n'intervenant que pour colorer une solution qui s'explique autrement.

200. Nous retombons dans les complications et les classifications avec les ouvrages d'Alciat et de Me-

nochius qui ont, le dernier surtout, des proportions immenses.

L'ouvrage d'Alciat comprend deux parties, une partie générale et une partie spéciale.

La première partie est divisée en trois sections consacrées à la fiction, aux présomptions *juris et de jure* et aux présomptions *juris*.

201. La première section s'occupe de la différence entre la présomption et la fiction qui consiste en ce que la présomption *fundatur in veritate* et la fiction est une *dispositio legis adversus veritatem*. L'exemple de fiction que l'on donne toujours, carcette distinction est faite presque par tous les anciens auteurs, c'est la loi un. C. § 13, liv. 5, que nous avons citée (1). Nous avons vu qu'il n'y a là qu'une règle de droit purement arbitraire et que cette prétendue fiction n'est autre chose qu'un moyen donné pour faciliter la conception juridique de la règle contenue dans ce texte.

Ajoutons d'ailleurs que ces prétendues fictions n'ont rien de commun avec les véritables fictions que le préteur romain avait employées et qui étaient des moyens de procédure ingéuieux servant à étendre d'anciens principes, d'anciennes formules d'actions que l'on ne voulait pas modifier à des rapports de droit nouveaux.

202. Dans le sens où l'entendaient les anciens au-

1. Voyez page 96, n° 178.

teurs le mot fiction répond à une idée différente. On dit que telle disposition renferme une fiction quand la règle de droit qu'elle contient s'appuie sur un état de fait contraire à la réalité, soit totalement, soit en partie. Et dans tous les cas la fiction n'avait plus ici un sens technique ; elle servait simplement à faciliter une conception juridique.

203. On peut dire de même qu'aujourd'hui il y a dans nos présomptions *juris et de jure* une fiction légale. C'est par fiction que l'on dit que le père de l'enfant d'une femme mariée est toujours le mari de la mère, par fiction que l'on dit que le père et la mère d'un incapable sont toujours réputés interposés par rapport à lui ; mais ici le mot fiction est pris dans un sens vulgaire, qu'il faut avoir bien soin de distinguer du sens technique qu'il avait dans le droit romain.

204. Dans la deuxième section, après une courte remarque sur l'étymologie et la signification du mot *præsumere*, Alciat traite de la présomption *juris et de jure* qu'il définit ainsi :

Dispositio legis aliquid præsumentis et super præsumpto tanquam sibi comperto statuentis. Juris, quia a lege introducta est, et de jure quia super tali præsumptione lex inducit firmum jus et habet eam pro veritate. D'où la conclusion *contra talem præsumptionem non admittitur probatio in contrarium* et il cite entre autres exemples la loi 23, pr. C. ad Sc Vell. 4. 29. loi ult. pr.

C. arb. tut. 5. 51. loi ult. § 1. C. ad se Maced. 4. 20;
la chose jugée.

205. Cette règle que la preuve contraire est interdite reçoit un certain nombre de limitations mais
la plupart de celles qu'il indique ne sont en aucune
façon des limitations des règles posées. C'est ainsi
qu'il cite comme exemples de preuve contraire le cas
où les conditions requises pour que ces règles existent ne sont pas remplies ; le cas où la partie n'use
pas du bénéfice que la loi crée en sa faveur.

206. La troisième section est consacrée à la *pré-
somptio juris*, qu'Alciat définit *probabilis conjectura ex
signo certo proveniens quæ alio non adducto pro veritate
habetur.*

Probabilis parce que toute présomption est fondée
sur une vraisemblance et que la présomption a plus
ou moins de force suivant que la vraisemblance est
plus grande ou plus faible.

Conjectura, à la différence d'une preuve, parce que
la présomption *non est proprie probatio.* Cependant,
ajoute-t-il, *lex parificat istos casus vel quod quis pro-
bet vel quod habet præsumptionem juris pro se.*

Ex certo signo proveniens, la présomption résulte de
certains faits qui doivent être d'abord nettement éta-
blis. La présomption qu'un père aime son fils résulte
des liens qui les unissent : il faut que le rapport de
parenté qui les unit soit d'abord prouvé.

Alio non adducto. Ceci n'est pas expliqué mais signifie probablement si la preuve contraire n'est pas faite.

205. Cette définition semble aussi bien convenir aux présomptions de l'homme qu'aux présomptions de la loi. Mais ce n'est pas certainement l'opinion d'Alciat qui vient de définir la présomption *juris quia a lege introducta est ?* Alciat ne mentionne donc pas les présomptions de l'homme bien qu'il soit cependant tout naturel de se demander ce que sont ces *probabiles conjecturæ* quand elles ne sont pas appuyées sur des textes.

207. La deuxième partie de l'ouvrage d'Alciat est tout entière consacrée à ces présomptions *juris*.

L'auteur les ramène aux trois règles suivantes :

Prima regula quod qualitas quæ naturaliter post homini semper adesse præsumitur.

Secunda quod mutatio non præsumitur.

Tertia quod semper fit præsumptio in meliorem partum.

Chacune de ces règles renferme un certain nombre de présomptions dont les conséquences s'appliquent dans les questions d'espèce les plus variées et que l'on parvient à rattacher de près ou de très loin avec la plupart des règles de droit.

Citons seulement quelques exemples.

208. *Iʳᵉ Règle.* — De la présomption que des liens

d'affection existent entre les parents et les enfants et généralement entre tous parents et alliés, on déduit :

Qu'un père qui exhérède son enfant est présumé avoir eu de justes causes d'exhérédation, qu'un père qui frappe son fils est présumé avoir eu de justes motifs, qu'un mari qui frappe sa femme avec un bâton le fait pour la corriger, qu'une mère aime son fils : ainsi le jugement de Salomon, que les biens donnés au petit-fils l'ont été en contemplation de son père et doivent être rapportés à la succession du grand-père.

On présume que l'homme est plus constant que la femme et c'est par elle qu'il faut commencer quand on a à leur infliger la torture. Au contraire la femme est réputée *sagacior* ; c'est pour cela qu'elle peut tester avant lui.

On présume, quand deux personnes meurent ensemble, que la plus faible est morte la première, l'enfant avant la mère, la femme avant le mari.

Il y a une présomption qu'on ne se nourrit pas de vent. Ainsi un individu ayant recueilli dans son écurie un bœuf vagabond, le propriétaire devra lui rembourser les frais dépensés pour la nourriture de l'animal.

Au bout de 10 mois après la mort du mari l'enfant de la femme n'est plus présumé avoir pour père le mari défunt.

209. *2ᵉ Règle.* — Il y a une présomption qu'une chose n'est pas grevée de servitude, que le fils est sous la puissance de son père, que celui qui était autrefois obligé l'est encore, que ce qui a mal commencé a dû mal finir, que celui qui s'est parjuré une fois pourra le faire une autrefois, que quand on remet une injure on la remet pour toujours, qu'un témoin qui varie dans ses réponses est malhonnête.

210. *3ᵉ Règle.* — On ne présume pas le délit, on présume la capacité, on ne présume par l'erreur. La bonne foi est présumée chez celui qui possède. Cette troisième règle contient aussi la présomption *pater is est* et la présomption mucienne : c'est pour éviter des questions honteuses qu'on répute acquis avec les deniers du mari les biens que la femme a acquis durant le mariage.

Toutes ces présomptions et leurs applications reposent sur des textes tirés des lois romaines ou du droit canonique.

Alciat avait la noble intention de ramener à des principes simples cette matière *confusa et inextricabilis.* Il résulte de l'analyse rapide que nous venons de faire de son ouvrage qu'il n'a pas du tout réussi. Sa division en trois règles est illogique. Dans la première il parle de cas où quelque chose est présumé, dans la deuxième de cas où une autre chose ne l'est pas et dans la troisième il dit que dans le doute entre deux solutions le juge doit se décider plutôt en faveur de l'une que de l'autre. Les deux premières règles contiennent des présomptions déterminées, la troisième est un principe général d'interprétation qui pourrait très bien s'appliquer aux deux premières règles. Et puis ne pourrait-on pas dire aussi que la *qualitas quæ naturaliter inest homini,* est présumée ne pas changer et ramener la première règle à la deuxième ?

212. Enfin, et c'est pour cela qu'Alciat devait échouer, en ne voyant dans la présomption que l'idée de vraisemblance qu'elle contient, il devait forcément parler de présomptions à propos d'une foule de dispositions juridiques motivées elles aussi par des probabilités plus ou moins grandes; en ne détachant pas ce qu'avait de particulier la présomption relativement aux règles générales sur la preuve, il a pu parler de présomption à propos d'une foule de cas où seuls étaient en jeu les principes généraux sur le fardeau de la preuve. Il n'est pas besoin d'insister et les exemples que nous avons cités suffisent amplement pour démontrer l'exactitude de cette double assertion.

213. Menochius a été appelé le père de la théorie des présomptions, car il les a étudiées d'une façon extrêmement complète.

Son ouvrage renferme une partie générale où les principes sont exposés en cent questions comprenant chacune un certain nombre de paragraphes. Dans les livres suivants, Menochius suit les présomptions dans toutes les parties du droit : *præsumptiones quæ versantur circa judicia, circa contractus, circa ultimas dispositiones et voluntates morientium, circa delicta et maleficia*. Le dernier livre enfin comprend sous le nom de *Miscellanea*, les présomptions qui n'ont pas pu rentrer dans les 1res rubriques. Aussi Menochius a pu faire rentrer tout le droit dans la théorie des présomptions.

214. Il divise les présomptions en *præs. juris et de jure, juris tantum et hominis*. Il oppose la 1re aux deux autres en ce sens que dans la première la conclusion du fait connu au fait inconnu est nécessaire, tandis qu'elle n'est que vraisemblable dans les deux autres espèces. Ainsi il y a une présomption nécessaire qu'un homme est mort quand il a la tête coupée et qu'il y a du feu dans une cheminée d'où sort la fumée.

La *Præs juris* ou *verisimilis, cum aliquibus positis verisimiliter atque ita p... biliter non autem necessario siquetur quod intendimus*. Ainsi la présomption qui résulte du *chirographum cancellatum* et la présomption de paternité.

Enfin la *præsumptio hominis* qui diffère de la précédente en ce que celle-ci est *approbata a lege*, et l'autre *nullo jure confirmata*. Mais à l'encontre des anciens auteurs qui divisaient la présomption de l'homme en *major* et *minor*, Menochius estime que ce sont là *vocabula magistralia*, qui ne correspondent à aucune différence spécifique.

215. Dans les cent questions de cette partie générale, Menochius examine toutes les controverses qui ont été soulevées sur les présomptions. Il commence par énumérer toutes les opinions données sur chacune des questions qu'il discute, ce qui rend la lecture de son ouvrage singulièrement pénible.

216. Nous arrivons enfin à Pothier qui a été certainement l'inspirateur du Code civil en notre matière. Il commence par établir d'une façon très nette la différence entre la preuve proprement dite et la présomption, entre la preuve directe et la preuve indirecte. Puis il divise les présomptions en présomptions établies par une loi, qu'on appelle présomptions *juris* et présomptions qui ne sont établies par aucune loi qu'on appelle présomptions simples. L'art. 1349, qui donne la définition des présomptions, la division qui suit en présomptions de l'homme et présomptions légales sont certainement la reproduction de ce passage de Pothier.

217. « Les présomptions de droit sont établies sur quelque loi ou par argument de quelque loi ou texte de droit ; elles font la même foi qu'une preuve

et elles dispensent la partie en faveur de qui elles militent d'en faire aucune pour fonder sa demande ou ses défenses ».

C'est la même idée qui se trouve dans l'article 1350 « la présomption légale est attachée par une loi spéciale à certains actes et à certains faits, et dans le 1ᵉʳ § de l'art. 1352. « La présomption légale dispense de preuve celui au profit duquel elle existe ».

Mais l'art. 1350, en exigeant un texte spécial pour chaque présomption et des faits limitativement déterminés pour les établir devait, par rapport à l'ancien droit, réduire considérablement le nombre des présomptions légales. Dans l'ancien droit la loi comprenait les textes romains, les coutumes et les arrêts des parlements et l'on avait trouvé des présomptions dans cette triple source. De plus on admettait encore l'extension par analogie que le texte de l'article 1350 ne nous permet plus d'admettre aujourd'hui.

218. Restent enfin les présomptions *juris et de jure* que Pothier nous représente comme une variété des présomptions *juris*, n° 806 *in fine*.

La différence entre les unes et les autres serait seulement que la preuve contraire permise contre les unes ne serait pas autorisée contre les autres. « Les présomptions *juris et de jure*, dit-il, sont celles qui font tellement preuve qu'elles excluent toute preuve qu'on voudrait faire du contraire ». Et il cite les dé-

finitions d'Alciat et de Menochius qu'il s'approprie.
Il semble donc que, dans l'idée de Pothier, les présomptions *juris et de jure* ce sont des preuves ou des
dispenses de preuve comme les présomptions *juris* ;
cette opinion peut se fortifier d'une longue comparai-
son que fait Pothier entre les présomptions *juris et de
jure* d'une part et la preuve littérale ou testimoniale
et la confession d'autre part. Cependant Pothier
ajoute que la principale espèce de présomption *juris
et de jure* est celle qui naît de l'autorité de la chose
jugée. Or nous l'avons déjà dit, il n'y a dans l'autorité de la chose jugée ni une preuve ni une dispense
de preuve ni une disposition juridique comparable
à la preuve testimoniale ou à la preuve littérale.

Pour expliquer la confusion de Pothier nous sommes obligés de remonter un peu plus haut.

219. La notion des présomptions *juris et de jure*
est, nous l'avons dit, une invention des glossateurs : elle ne se trouve pas dans les textes du droit
romain. Accurse qui la cite pour la première fois
n'est pas pour cela fixé sur sa nature puisqu'il lui
donne comme synonymes les qualifications de *prœ-
sumptio legis* ou *canonis* ou *de fictio*. Malgré cela le
nom fit fortune ; tous les auteurs ou à peu près dans
l'ancien droit parlent des présomptions *juris et de
jure* et aujourd'hui encore la classification des présomptions légales en présomptions *juris tantum* et

présomptions *juris et de jure* s'éveille immédiatement dans l'esprit en même temps que l'idée même de présomption. Malgré cela il y a dans l'ancien droit quelques disssidents ; quelques jurisconsultes critiquent cette dénomination, ils trouvent que l'expression ne correspond à aucune idée nette et quelques-uns vont jusqu'à la qualifier d' « inepte et barbare ».

220. Quoi qu'il en soit si tous les jurisconsultes ou à peu près se servent de l'expression de présomptions *juris et de jure*, ils n'y attachent pas tous la même signification et on y trouve au moins trois idées nettement différentes.

221. Il y a d'abord ce qu'on appelle des présomptions nécessaires. Les exemples ne varient guère : il y a, dit-on, une présomption nécessaire qu'il n'y a pas de fumée sans feu, qu'on ne peut pas être le même jour à Paris et à Rome, qu'une femme qui a un enfant a eu des relations avec un homme.

On voit qu'il n'y a pas de rapport entre ces faits et une règle de droit ; ce sont de pures affirmations de faits matériels imposés par des nécessités physiques. Ces faits ne peuvent pas ne pas être et on ne peut plus faire contre eux de preuve contraire que contre les règles de droit impératives qu'on appelle présomptions *juris et de jure* ; mais il était tout à fait abusif de leur donner le même nom,

222. On trouve ensuite sous le nom de présomptions *juris et de jure* des règles de droit impératives où la loi ne présume rien, mais commande, ordonne. Ainsi la règle relative à la chose jugée et de nombreux textes du Digeste où n'apparaît en aucune façon l'idée de présomption sont rangés dans cette catégorie. Ainsi le fragment 27, § 25 Digeste *ad leg. aquiliam,* liv.9, tit.2 ; la loi unique, § 6,C.liv.7,tit. 6, le fragment 25, § 7, Digeste, liv. 5 tit. 3, sont cités comme exemples de présomptions *juris et de jure* par Joannes Andreæ, dans ses *additiones* au *speculum juris* de Durantis. Alciat cite entre autres exemples, 2, 6, chap. 5, liv. x, Décrétales de Greg. IX ; Voet dans son commentaire sur le titre des présomptions (liv. 22, tit. 3) cite au § 16, le fragment 54, Digeste *de jure dotium* liv. 23, tit. 3. Or il n'y a dans tous ces textes aucune présomption et il est assez difficile de comprendre pourquoi on les a appelés présomptions *juris et de jure.* Le nom leur a été donné parce que tous ces textes établissent des dispositions impératives, des règles de droit absolu. Ce caractère absolu ne peut pas être méconnu et c'est en ce sens qu'on a dit que ces dispositions de droit n'admettaient pas la preuve contraire. De là la confusion avec les véritables présomptions *juris et de jure* qui, elles non plus, n'admettent pas la preuve contraire. Mais nous allons voir que c'est dans un tout autre sens,

223. On peut définir les présomptions *juris et de jure* des règles de droit absolues fondées sur une présomption légale. La loi établit par avance une présomption ; sur cette présomption elle crée une règle de droit et cette règle de droit est absolue, c'est-à-dire que la preuve contraire à la présomption de la loi n'est pas possible. Cette notion est certaine car toutes les définitions des anciens auteurs, bien que différentes dans les termes, contiennent la même idée. Nous avons déjà cité Alciat: *dispositio legis aliquid præsumentis et super præsumpto tanquam sibi comperto statuentis.* Citons encore les définitions suivantes : Hostiensis, *quando jus super dubio æquitate pensata estimat quod verius est et tutius seu certius intendens ex tali æstimatione jus statuere.* Durantis, *quando jus vehementer præsumit sic esse vel non esse et propter talem præsumptionem jus statuit super ea.* Bartolo, *quando lex præsumendo aliquid et super præsumpto disponit, tunc non admittitur probatio in contrarium.* Baldus, *submissæ per statutum quod lex præsumendo statuit.* Voet, *quoties jus præsumit aliquid et super eo præsumpto disponit nec admittit probationem in contrarium* et enfin Salicetus, *a jure indicetur et super eo statuitur ut ei stetur.*

224. Ainsi l'idée qui se dégage de toutes ces définitions est très nette et très sûre : la présomption *juris et de jure* est une règle de droit fondée sur une preuve établie d'avance par la loi. Tous les auteurs s'accordent pour dégager absolument l'idée que c'est la loi qui dispose. Donc si l'on interdit la preuve contraire c'est parce que la loi sur la présomption a établi une règle de droit impérative.

225. Cette idée d'une règle de droit fondée sur une présomption légale apparaît très bien dans un grand nombre de textes. Ainsi dans la loi ult, § 4, C. Ad. de M. 4. 28, *ex præsumptione omnis miles non creditur in aliud quidquam pecunias accipere et expendere, nisi in causas castrenses,* l. 15, § 5, *de re judic.* 42, 1. *Si creditor maluerit pignora (quæ capta sunt) in creditum possidere iisque esse contentus rescriptum est, non posse eum quod amplius sibi debetur, petere, quia velut pacto transegisse de credito videatur, qui contentus fuerit pignora possidere nec posse eum in quantitatem certam pignora tenere et superfluum petere.*

Fr. 4, §. ult. 52, S. *De his qui notantur infamia.* 3, 2. *Si qui furti, vi bonorum raptorum, injuriarum, de dolo malo suo nomine damnatus pactusve erit, simili modo infames sunt. Quoniam intelligitur confiteri crimen qui paciscetur.*

L'idée apparaît aussi très nette dans les deux textes suivants : tirés du *corpus juris canonici* :

Cap. 30. X, de Sponsal. 4, 1. Decretales de Greg. IX. *Is qui fidem dedit mulieri super matrimonio contrahendo carnali copula subsecuta, etsi in facie ecclesiæ ducat aliam et cognoscat, ad primam redire , netur quia licet præsumptum primum matrimonium videatur, contra præsumptionem tamen hujusmodi non est probatio admittenda.* Ch. 6, X, *de cond. appos.* 4, 5. Il s'agit dans l'espèce de deux personnes fiancées sous condition et qui avaient eu entre elles des relations sexuelles. Le pape répond : *Cum liquido constet quod poste contracta sponsalia carnalis est inter eos copulo subsecuta, pro matrimonio est præsumandum, quia videtur a conditione apposita recessisse.*

226. Signalons enfin entre autres exemples très curieux de présomptions *juris et de jure* dans l'ancien droit la présomption légale de séduction inventée pour pouvoir annuler le mariage contracté par les mineurs sans le consentement de leurs parents. L'histoire du mariage dans l'ancien droit n'est qu'un long conflit entre le droit canonique et le droit civil. Entre autres points, l'Église n'avait jamais voulu reconnaître que le consentement des parents fût une condition de validité du mariage des mineurs. Le pouvoir civil prit une série de mesures sévères contre les mineurs qui se mariaient sans ce consentement, contre les personnes qui aidaient à ces mariages, contre les prêtres qui passaient outre à la célébration sans s'assurer du consentement de la famille.

Ce furent l'objet de l'édit de 1556 et de l'ordonnance de Blois. La déclaration de 1639 multiplia en-

core les peines et les déchéances antérieures et dé-
clara le mariage des mineurs ainsi conclu, privé de
tous les effets civils.

Il y avait là une situation déplorable et il était
désirable d'arriver à la nullité du mariage. On y ar-
riva en se fondant sur l'esprit de l'ordonnance qui
parlait du rapt et des peines du rapt. C'est donc,
disait-on, qu'elle assimilait la situation du mineur
à celle d'une personne ravie. La doctrine et la jurisprudence arrivèrent à poser en règle qu'il y avait
dans un mariage contracté dans ces conditions une
présomption légale et absolue de séduction, par conséquent qu'il était nul pour vice de séduction. D'A-
guesseau fit triompher cette théorie.

227. Il résulte de ce caractère des présomptions
juris et de jure dans l'ancien droit qu'il y avait entre
elles et les autres présomptions une différence de
nature radicale et qu'elles n'avaient avec elles de
commun que le nom de présomption. Dans tous ces
cas, s'il y a encore il est vrai une présomption légale,
elle disparaît sous la disposition du droit, sous la
règle impérative que l'on fonde sur elle. *Submissa
per statutum.* Si en raison de son nom les canonistes
et les bartolistes en font une classe spéciale des présomptions, ils en marquent cependant très bien le
caractère particulier. Duaren, plus tard, n'en parle
plus dans sa théorie des présomptions, Alciat les

étudie dans un chapitre spécial et les considère comme complètement distinctes des présomptions ordinaires.

228. Pothier malheureusement, s'attachant aux mots plutôt qu'à l'idée et contrairement à Alciat et Menochius qu'il croit copier, confond les présomptions *juris et de jure* avec les véritables présomptions. Le code civil copie Pothier, et c'est ainsi que nous avons dans l'article 1352, § 2, la définition des présomptions *juris et de jure* d'une part et de l'autre une règle pour reconnaître parmi les présomptions légales véritables celles qui sont absolues, qui admettent la preuve contraire et celles qui ne l'admettent pas. Le code a confondu sous le nom de présomptions *juris et de jure* deux choses qui dans notre ancien droit étaient distinctes. Les présomptions *juris et de jure* n'étaient pas considérées comme des présomptions, mais comme une classe de dispositions d'une nature spéciale.

229. Il est donc absolument inexact de dire, quand nous parlons aujourd'hui des présomptions *juris et de jure* dans le sens de présomptions légales absolues, et c'est le sens que l'on donne en général à ce mot, que nous suivons l'ancien droit. L'erreur est en effet double. D'une part, comme nous l'avons démontré, les présomptions *juris et de jure* étaient des règles de droit d'une nature spéciale ; d'autre part, l'ancien droit n'a pas connu des présomptions légales *juris et de jure* au sens moderne.

230. L'idée d'une présomption légale à laquelle s'adjoint une interdiction de la preuve contraire est une conception compliquée à laquelle l'ancien droit ne s'était pas élevé. Toutes les présomptions admettaient la preuve contraire. En effet, elles étaient toutes rangées parmi les présomptions *juris tantum* puisque, par définition, les présomptions *juris et de jure* étaient autre chose. Ainsi les présomptions de l'ancien droit. qui passant dans notre droit moderne sont devenues les unes simples, les autre absolues, étaient toutes rangées dans une même classe : Et toutes elles admettaient la preuve contraire. « Aucune présomption, dit Coccéius, n'exclut la preuve contraire parce que même une preuve véritable ne l'exclut pas. Que si donc là où le demandeur a fait un preuve pleine, on admet encore le défendeur à prouver le contraire, on ne pourra pas le lui refuser là où le demandeur ne s'appuie que sur une présomption, cette présomption fût-elle la plus forte. » D'Aguesseau, après avoir posé le principe que « toutes les présomptions doivent céder à la lumière de la vérité », en fait l'application à la présomption de paternité. « Il en est de cette présomption comme de toutes celles qui sont appuyées sur le même principe : elles. peuvent être détruites par d'autres arguments,

et si la vraisemblance qui fait toute leur force est combattue par des raisons plus solides, les juges rejettent ces fausses lueurs pour donner leurs suffrages aux seules lumières de la vérité ».

231. On voit par cette rapide étude que nous n'avions pas exagéré en disant qu'on pouvait trouver dans notre ancien droit la source de toutes les erreurs et de toutes les confusions qui se sont produites dans notre droit moderne touchant la théorie des présomptions.

La tendance générale de la doctrine et de la jurisprudence qui les porte à accroître sans cesse le nombre de présomptions légales ne s'explique-t-elle pas par le souvenir et l'action inconsciente des anciens principes ? Le nombre des présomptions légales était dans l'ancien droit très considérable parce que les sources législatives étaient nombreuses et qu'on en puisait dans les textes du droit romain et du droit canonique, dans les coutumes ou dans les arrêts des parlements.

En outre, l'ancien droit admettait l'extension des présomptions par analogie. L'article 1350 édictant la nécessité d'un texte spécial, ce qui entraînait comme corollaire l'interprétation rigoureusement restrictive des présomptions légales, modifiait d'une façon trop radicale les anciens principes pour qu'il ne fût pas exposé à être méconnu.

La confusion de la présomption véritable et de la
probabilité de fait sur laquelle elle est fondée ; la
confusion des règles relatives aux présomptions légales et de celles qui déterminent à qui incombe
le fardeau de la preuve étaient faites couramment
dans notre ancien droit ; on appelait du même nom
de présomptions *juris et de jure* des règles de droit
impératives, des faits reliés entre eux par une relation nécessaire ; toutes ces erreurs, toutes ces
distinctions, nous les avons retrouvées aujourd'hui.
Il n'y a peut-être pas de relation de cause à effet
dans l'existence de cette simultanéité, mais il est
curieux et intéressant de retrouver les mêmes inex-
actitudes se reproduisant dans la suite des temps,
malgré le changement des législations.

CHAPITRE IV.

EFFET DES PRÉSOMPTIONS LÉGALES.

232. Nous avons vu que les présomptions légales avaient des effets différents suivant qu'elles admettaient ou non la preuve contraire. La question qui doit faire l'objet de ce chapitre se ramène donc à celle de savoir quand et dans quelle mesure les présomptions légales admettent la preuve contraire. Mais, avant de l'aborder, nous devons examiner une règle dont nous avons jusqu'à présent réservé l'étude : la règle de l'interprétation restrictive des présomptions légales. Elle fera l'objet d'une première section et nous étudierons dans une deuxième la force probante des présomptions légales.

SECTION I. —— *Interprétation restrictive des présomptions légales.*

233. La question s'élève dans trois groupes de cas distincts :

1° Les présomptions légales de droit civil peuvent-elles s'appliquer soit en droit pénal, soit en droit commercial ?.

2° Les présomptions légales peuvent-elles s'étendre en dehors des hypothèses pour lesquelles elles ont été créées ?

3° Enfin il faut, quant aux faits dont elles résultent, quant aux personnes auxquelles elles s'appliquent, maintenir rigoureusement les présomptions légales dans les termes indiqués par la loi.

Ces trois points feront l'objet de trois paragraphes.

§ 1. — *Faut-il étendre les présomptions de droit civil au droit pénal et au droit commercial.*

235. La question se pose en droit pénal sur l'article 312. Un individu accusé d'avoir tué le mari de sa mère se défend de l'accusation de parricide en disant que l'individu en question n'est pas son père. Les conditions où le désaveu est admis n'étant pas remplies, que faudra-t-il décider ? Pourra-t-il prouver par tous les moyens que la victime n'est pas son père ou bien appliquera-t-on la présomption de la loi ?

235. En théorie, la question n'est pas douteuse.

C'est en effet un principe certain que la preuve des faits juridiques ne dépend pas des juridictions devant lesquelles on se trouve, et que si un crime ou un délit suppose au préalable la preuve d'un fait juridique, cette preuve doit se faire suivant les règles ordinaires. Si ce principe est incontestable, il est non moins incontestable qu'en pratique, en matière criminelle, il est tenu en échec par la règle de l'article 342 du code d'instruction criminelle : « La loi ne demande pas compte aux jurés des moyens par lesquels ils se sont convaincus ; elle ne leur prescrit point de règles desquelles ils doivent faire particulièrement dépendre la plénitude et la suffisance d'une preuve ; elle leur prescrit de s'interroger eux-mêmes dans le silence et le recueillement et de chercher dans la sincérité de leur conscience quelle impression ont fait sur leur raison les preuves rapportées contre l'accusé et les moyens de sa défense. » Il résulte de là qu'il n'y a aucun danger que l'on fasse tomber une tête en vertu de la présomption légale de l'art. 312.

256. Les présomptions légales de droit civil peuvent-elles s'appliquer en droit commercial ?

La question s'est surtout posée à propos de la présomption de l'article 1282 et elle a donné lieu à trois systèmes. Le premier prétend que la présomption de remise de dette est inapplicable en droit commercial, la deuxième qu'elle s'y applique mais que la preuve contraire est permise par tous les moyens, la troisième enfin qu'elle y trouve place dans les mêmes termes qu'en droit civil. C'est ce dernier système qui est le vrai. Il est de principe en effet que les règles établies par le Code civil s'étendent en droit commercial toutes les fois qu'il n'y a pas de dérogation expresse dans les textes ; or, aucun texte ne limite ou n'interdit l'application des présomptions légales en matière de commerce. Quant à l'article 109, on le fait intervenir à tort dans la question. Il a pour but de déroger à l'article 1341 du Code civil ; il admet d'une façon générale l'application de la preuve testimoniale que le droit civil n'autorise que d'une façon restreinte. Mais il n'a rien à voir avec la théorie des présomptions légales. Celles-ci constituent un mode de preuve spécial qui s'applique en droit commercial par cela seul qu'il n'y est pas dérogé.

La jurisprudence admet que la remise du titre constitue une présomption de libération mais que la preuve contraire est permise par tous les moyens (1).

1. Voyez cass., 18 août 1852, Sirey, 1853, 1, 211. Bordeaux, 11 décembre 1885, Journal des arrêts de Bordeaux 1884, p. 78. Cass. civ., 20 décembre 1893, Sir. 1894. 1, 183.

§ 2. — *Faut-il étendre les présomptions légales à d'autres hypothèses que celles pour lesquelles elles ont été créées ?*

237. En principe, les présomptions légales ne doivent pas être étendues à d'autres hypothèses que celles en vue desquelles elles ont été établies.

Ainsi les présomptions d'interposition de personnes ne sont créées que pour renforcer des incapacités relatives établies par la loi. Elles sont certainement conçues en dehors de toute pensée de défaveur envers les personnes présumées interposées. Par conséquent, elles sont étrangères aux incapacités absolues de recevoir : sans cela, l'incapacité frapperait absolument les personnes présumées interposées.

238. Ainsi la présomption de bonne foi établie par l'article 2268 pour la prescription de 10 à 20 ans, ne devrait pas être étendue à d'autres matières, par exemple dans la question de l'acquisition des fruits par le possesseur de bonne foi. Nous devons dire pourtant que la solution contraire a pour elle un assez grand nombre de partisans. Ils y mettent cependant généralement une restriction : il faudra que l'on se trouve dans les conditions de l'ar-

ticle 2268, c'est-à-dire que le juste titre devra être prouvé.

239. En principe aussi, la présomption relative à la durée de la gestation qui accompagne la présomption de paternité ne devrait pas s'appliquer si la question de légitimité n'est pas en jeu, par exemple en matière de succession. Voici dans quelles circonstances la question pourrait se présenter. *Primus* a un fils *Secundus* d'un premier mariage. *Secundus meurt*. Dans les 299 jours après le décès de *Secundus*, *Primus* a un fils. Ce fils est le frère consanguin de *Secundus*. Lui succédera-t-il ? Va-t-on appliquer ici la présomption de l'article 312, § 2? La négative s'impose au point de vue des purs principes de la théorie des présomptions légales. Nous croyons cependant la solution contraire préférable et qu'il faut appliquer la présomption légale parce qu'autrement on serait entraîné à des recherches de fait très délicates et qu'il a certainement été dans la pensée du législateur d'éviter. La jurisprudence a admis ce dernier système.qui est très bien exposé dans un arrêt de la cour de Grenoble (1).

« Attendu qu'en matière de succession, à défaut de règle posée pour ce cas par le législateur et quoiqu'il s'agisse d'intérêts d'un ordre différent, on est

1. 25 janvier 1853. Dalloz, 1855, 2, 40.

amené à suivre la même règle que celle établie au titre de la paternité et de la filiation ; que sans elle on se trouverait pour fixer l'époque de la conception dans des incertitudes et des hésitations que les lumières de la science seraient impuissantes à faire disparaître ; attendu que ces incertitudes seraient tout à fait contraires à la pensée du législateur qui a voulu mettre la plus grande fixité dans l'ordre des successions ; attendu d'ailleurs que l'on est forcé d'appliquer la règle de l'article 315 en matière de succession directe par le motif qu'il s'y mêlerait toujours une question de légitimité, qu'il serait bizarre que pour une succession collatérale une autre règle fût vraie et dût être suivie. »

240. Il ne faut d'ailleurs rien exagérer : une présomption légale peut être posée dans la loi à l'occasion d'une hypothèse déterminée, alors que certainement le législateur n'a pas voulu l'établir uniquement en vue de cette hypothèse. Ainsi la présomption de l'article 1908 posée au titre du prêt à intérêt est générale et doit s'appliquer en dehors de ce cas (1).

241. De même il est admis à peu près par tout le monde que la présomption de l'article 638 du Code de commerce, posée à l'occasion de la juridic-

1. Voy. Cas. civ. 13 janv. 1875. Dalloz, 1875, 1. 117.

tion, s'applique en dehors de la question de compétence que règle cet article. Ainsi elle s'applique pour la capacité du mineur commerçant, de la femme mariée commerçante et ici, ce qui est en jeu, c'est la question de validité des actes faits par le mineur ou la femme. L'extension de la présomption se justifie d'ailleurs par des considérations pratiques de premier ordre : mettre la preuve à la charge du contractant, ce serait ruiner le crédit de la femme ou du mineur.

§ 3. — *Interprétation restrictive des présomptions quant aux conditions exigées par la loi pour leur existence, quant aux faits dont elles résultent, quant aux personnes auxquelles elles s'appliquent.*

242. Nous allons appliquer cette règle aux différentes présomptions consacrées par la loi.

243. *Art. 653.* — Les présomptions de mitoyenneté ne doivent pas être étendues à des murs de séparation qui ne seraient pas dans les conditions exigées par l'article 653. Ainsi on ne saurait considérer comme mitoyen ni le mur d'une maison attenant à une cour ou à un jardin, ni le mur servant de soutènement à une terrasse (1).

244. *Art. 720 et 722.* — Les présomptions des articles 720 et 722 ne s'appliquent que s'il a été impossible de discerner dans les circonstances du fait laquelle des deux personnes décédées a succombé la première. Elles ne trouveraient donc pas leur application au cas, par exemple, d'un double assassinat où les victimes auraient été successivement en butte aux coups de l'assassin (2).

245. Les mêmes présomptions exigeant chez les *commorientes* la réciprocité de vocation, ne s'appliqueraient pas si cette condition n'était pas remplie. Ainsi au cas où il s'agirait de deux frères, dont l'un aurait des enfants.

246. *Art. 1332.* — L'article 1332 exige une double condition pour qu'une mention libératoire mise à la suite en marge ou au dos d'un titre fasse foi contre le créancier :

1° Que la mention soit écrite de la main de ce dernier.

2° Que le titre soit toujours resté en sa possession. Cependant certains auteurs, adoptant une théorie de Pothier (3), enseignent que l'écriture mise par un

1. Aubry et Rau. II, p. 421. Notes 9 et 10.
2. Voy. Lyon, 19 janvier 1893. Sirey, 1893, 2, 240.
3. Pothier, Obligations. N° 761.

tiers sur le titre de créance fait foi lorsque le titre est resté en la possession du créancier et d'autre part, qu'une pareille écriture, émanée du créancier lui-même, fait foi contre lui quoique le titre ne soit pas resté en sa possession. Nous ne saurions admettre cette opinion que le texte du Code n'a pas confirmée ; il peut y avoir dans les circonstances indiquées une présomption de fait ; il n'y a pas de présomption légale.

247. *Art. 1282 et 1283.* — Les faits indiqués aux articles 1282 et 1283 (remise du titre, remise de la grosse du titre) sont les seuls d'où puisse résulter une présomption de libération.

248. Ainsi d'après l'article 1286 : « La remise de la chose donnée en nantissement ne suffit point pour faire présumer la libération. »

249. Il faut décider que la délivrance par un notaire d'expédition d'actes qu'il a reçus n'emporte pas une présomption légale de remise ou du paiement des frais de ces actes. En effet, ces actes ne sont pas le titre qui constate sa créance.

250. Il faut de plus que cette remise soit faite par le créancier personnellement et au débiteur personnellement. Ainsi il a été jugé que le tiers dépositaire d'un titre qui en a fait remise au débiteur moyennant le paiement d'une somme n'a pas pu opérer la libération s'il n'est prouvé qu'il avait qua-

lité pour transiger; que le débiteur n'est pas libéré par la remise du titre que lui fait un notaire liquidateur contre paiement si ce notaire n'avait pas pouvoir de recevoir, que la remise faite par le créancier d'une société à l'un des associés personnellement ne peut être invoquée par la société elle-même comme impliquant remise de sa dette (1).

Article 911.

251. L'article 911 présume interposés le père, la mère, les enfants et descendants et l'époux de la personne incapable. Il ne faut pas étendre la présomption aux autres ascendants ni à d'autres personnes, tels que les alliés, beau-père, belle-mère, gendre, bru. Dans notre ancien droit, la fiancée d'un incapable était présumée interposée, surtout dans l'intervalle de la publication des bans à la célébration du mariage. Il va de soi que cette présomption n'existe plus aujourd'hui.

252. Relativement aux donations faites par un veuf ou une veuve ayant des enfants d'un précédent mariage, l'article 1100 considère comme interposés, dans l'intérêt du nouvel époux, tous les héritiers présomptifs de ce dernier. Mais on ne saurait comprendre ce nouveau groupe de personnes parmi celles que l'article 911 répute interposées, d'autant plus

1. Voyez sur ces points, Dalloz, Répertoire. Obligations, p. 570, nᵒˢ 2250 et sts.

que cette présomption se justifie par des considérations toutes spéciales à l'hypothèse prévue dans
l'article 1100.

Article 1908.

253. L'article 1908 s'applique-t-il au cas d'un
paiement partiel ? Faut-il dire qu'un créancier qui
a reçu une portion du capital de sa créance est présumé avoir reçu le paiement des intérêts, même
afférent à la portion du capital non payé ?

254. On a soutenu l'affirmative en disant que les
motifs de l'article 1908 se rencontraient en cas de
paiement partiel comme en cas de paiement total.
Si la loi en effet présume que le créancier a reçu les
intérêts quand il donne quittance du capital, c'est
qu'on doit supposer que si des intérêts lui étaient
encore dus il aurait commencé par imputer la somme
payée sur ces intérêts, en raison du double désavantage que présente la créance d'intérêts sur celle
du capital. Or cette supposition se justifie aussi
bien quand la quittance ne porte que sur une partie
du capital. On peut répondre que cette supposition
n'est pas forcément exacte et qu'il est très possible
que le créancier qui ne reçoit qu'une partie du capital ait consenti à laisser impayés les intérêts du
capital restant.

Mais surtout, cette théorie se méprend sur la nature de la présomption. La présomption est une

prouve précise d'un fait déterminé; les motifs plus
ou moins exacts qui ont inspiré le législateur n'ont
pas à intervenir quand le texte est certain. Ici il n'y
a aucun doute. La loi parle de quittance du capital.
Il n'y a pas de quittance du capital en cas de paiement partiel. Par conséquent, la présomption ne
s'applique pas.

Article 1384.

255. L'article 1384 établit une présomption de
faute à l'égard de certaines personnes pour les dommages causés par d'autres personnes. Cette énumé-
ration ne comprend ni le mari à l'égard de la femme,
ni les tuteurs à l'égard de leurs pupilles.

Mais la responsabilité est établie pour ces deux
catégories de personnes par des textes spéciaux :
Code Forestier. Art. 206. Loi du 3 mai 1844 sur la
chasse. Art. 28 ; loi du 15 avril 1829 sur la pêche
fluviale.

256. Que faut-il décider dans l'hypothèse de l'article 1384? Faut-il appliquer aux maris et aux tuteurs la présomption de faute établie par la loi?
Non, croyons-nous, parce que les présomptions légales ne doivent pas être étendues à d'autres personnes que celles énumérées par la loi (1). Cette solution est admise d'une façon générale en ce qui con-

1. Voy. Colmet de Santerre, V. p. 662, 865 bis IV.

cerne le mari à l'égard de la femme. Certains auteurs enseignent au contraire la responsabilité du tuteur pour les actes du pupille, en se fondant sur cette idée que le tuteur jouit d'une autorité sur la personne, à peu près semblable à celle des parents, et qu'il ne serait pas possible de ne pas placer le tuteur sur la même ligne que les instituteurs (1). Quelque spécieux que soient ces arguments, ils ne sont pas suffisants pour prévaloir contre la règle générale qui domine la théorie des présomptions légales, à savoir qu'il ne peut y avoir de présomptions sans texte. Or c'est en créer que d'étendre par analogie les présomptions de la loi.

Article 1731.

257. L'article 1731 dispose que s'il n'a pas été fait d'état des lieux que le locataire prend à bail, celui-ci est présumé les avoir reçus en bon état de réparations locatives. Faut-dire que la présomption s'applique aux *grosses* réparations dont notre texte ne parle pas.

258. M. Colmet de Santerre propose de lire le texte comme s'il y avait « même locatives ». « Il est difficile, dit-il, de ne pas raisonner *a fortiori* de ce que la loi dit sur les réparations locatives à ce qui doit être dit des autres. Les dégradations qui don-

1. Aubry et Rau, tome IV, p. 758, note 11.

nent lieu à des réparations locatives sont les moins graves : Si la loi présume que le preneur n'aurait pas accepté la chose louée sans faire constater la nécessité de ces mêmes réparations, elle doit à plus forte raison penser qu'en présence de dégradations plus graves, il aurait encore moins consenti à manquer de preuve sur l'état des lieux. L'article doit être entendu comme s'il disait : la chose est présumée reçue en bon état de réparations *mêmes locatives* ».

259. Nous ne saurions admettre cette interprétation, car elle est contraire au texte et qu'elle méconnaît, suivant nous, l'esprit dans lequel est conçu l'article 1731. Nous pensons en effet que l'article est écrit dans un sens favorable au preneur et que le législateur a parlé à dessein des réparations locatives. Supposons en effet qu'il n'y ait pas de texte. Le preneur débiteur d'un corps certain, est obligé de le rendre en bon état et de droit commun il devrait prouver pour se libérer qu'il a reçu l'immeuble non-seulement en mauvais état de réparations locatives mais même de grosses réparations. Seulement la loi a trouvé que cette obligation était trop dure. Le preneur qui n'est pas astreint aux grosses réparations a très bien pu louer sans s'en inquiéter et c'est pour cela que la loi limite la présomption aux réparations locatives.

Section II. — *Force probante des présomptions légales.*

260. Nous savons que la présomption légale dispense de preuve celui au profit de qui elle existe. « Comme la loi tient elle-même pour certain le fait qu'il s'agit d'établir, la partie qui était chargée de le prouver trouve dans la présomption légale une preuve toute faite et est dispensée par conséquent d'en administrer aucune autre (1) ».

261. Mais, bien entendu, celui qui invoque la présomption doit prouver que les conditions requises par la loi pour son existence sont remplies. Ainsi celui qui invoque la présomption *pater is est...*, doit prouver l'accouchement de la femme qu'il prétend être sa mère et son identité avec l'enfant dont cette femme est accouchée : celui qui invoque une des courtes prescriptions des articles 2271 à 2273, doit prouver l'expiration du délai au bout duquel la loi présume le paiement de ces dettes, etc.

262. Il n'y a là d'ailleurs que l'application du droit commun. De plein droit, si son adversaire conteste l'existence des faits auxquels est subordonnée

1. Larombière, *Obligations*, t. VII, p. 199.

l'existence de la présomption, celui qui l'invoque doit en faire la preuve et son contradicteur peut faire la preuve contraire. Un auteur (1) voit dans ce débat une preuve dirigée contre la présomption légale. C'est une erreur. La présomption légale n'est pas en jeu ; on n'en méconnait ni l'autorité ni la puissance ; on essaie seulement de l'éluder en désignant les faits et les circonstances à l'existence desquels elle est subordonnée.

263. Une difficulté se pose sur cette question à propos de la présomption de remise de dette. L'article 1282 dit que « la remise volontaire » fait preuve de la libération. En vertu de ce que nous venons de dire, ce serait au débiteur à prouver que la remise a été volontaire puisqu'il doit prouver les faits sur lesquels la présomption s'appuie. Mais cette théorie irait à l'encontre du but cherché. Elle obligerait en effet le débiteur à se ménager la preuve par écrit ou par témoins que la remise a été volontaire ; mais alors il serait beaucoup plus simple de se ménager tout de suite la preuve du paiement ou de la remise et la présomption serait inutile. Il faut donc admettre avec Pothier que, par cela seul que le débiteur détient le titre, il y a une présomption qu'il lui a été volontairement remis. Ce sera au

1. Toullier, t. 10, n° 57.

créancier à prouver que la remise n'a pas été volontaire. Cette solution est confirmée par les travaux préparatoires. « Le débiteur ne peut être assujetti à aucune preuve puisqu'il est défendeur : ce serait donc au créancier à prouver que la remise n'a pas été volontaire ».

264. Plaçons-nous maintenant dans l'hypothèse où les conditions requises pour l'existence de la présomption sont remplies. La partie en faveur de qui la présomption est établie invoque cette présomption. Son adversaire peut-il faire la preuve contraire, démontrer l'inexactitude dans l'espèce en question de la preuve établie d'avance par la loi ? En d'autres termes, quelle est la force probante des présomptions légales ?

Le principe est certain. Les présomptions établies par la loi admettent en général la preuve contraire. Cette solution résulte implicitement de l'article 1352, § 2, qui, énumérant les cas dans lesquels la preuve contraire est interdit, laisse entendre que de droit commun la preuve contraire est permise. De plus, nous trouvons dans les travaux préparatoires une indication formelle en ce sens. « Lorsque la loi se borne simplement à établir une présomption, la preuve contraire peut être admise quoique la loi ne la réserve pas, parce qu'il est dans la nature des présomptions qu'elles cèdent à la preuve (1) ».

266. Mais il y a des présomptions absolues, qui n'admettent pas la preuve contraire. La formule nous en est donnée par l'article 1352, § 2. « Nulle preuve n'est admise contre la présomption légale, lorsque sur le fondement de cette présomption la loi annule des actes ou dénie l'action en justice, à moins qu'elle n'ait réservé la preuve contraire ».

267. Nous savons qu'une confusion s'est faite dans l'esprit du législateur entre les présomptions *juris et de ure* et les présomptions légales absolues. Cette confusion est venue de ce qu'il a donné aux unes et aux autres le nom de présomption *juris et de jure* et il en est résulté que la même formule qui avait servi à définir les premières a été employée pour différencier les autres des présomptions simples, c'est-à-dire admettant la preuve contraire. Mais il est facile de montrer que cette formule s'adapte mal aux présomptions légales absolues. Ainsi, on donne comme exemple de cas où la loi annule des actes, les présomptions d'interposition, les articles 911 et 1100 et comme exemple de cas où la loi dénie l'action en justice la présomption de libération résultant de la remise du titre. Eh

1. Joubert, *Rapport au tribunal.* Voy. Locré, t. XII, p. 532.

bien! dans le premier cas, à proprement parler, la loi n'annule pas d'actes. Elle déclare que telles personnes sont présumées interposées, mais c'est une règle de droit différente qui annule les libéralités faites à des personnes interposées.

Quant aux présomptions des articles 1282 et 1283, elles constituent l'une et l'autre une preuve faite par la loi ; mais, dans le premier cas, s'ajoute l'interdiction de la preuve contraire. Peut-on parler là de dénégation d'action en justice ? N'est-ce pas contradictoire de dire « dénégation d'action » et « admission de preuve contraire » ? Le mot convenait bien aux présomptions *juris et de jure* qui étaient des dispositions de droit impératives ; il s'adapte mal aux présomptions légales absolues qui peuvent, dans certaines hypothèses, admettre une preuve contraire.

268. Quoi qu'il en soit, nous n'avons pas d'autre *criterium* que celui de l'article 1352, § 2, pour distinguer les présomptions absolues. Malheureusement il ne nous fournit pas beaucoup de solutions certaines. Il n'y a que les présomptions d'interposition de personnes sur le fondement desquelles la loi annule des actes et on ne peut guère citer que les articles 1282 et 1908, qui répondent à peu près à l'idée d'une dénégation d'action.

269. Nous serons donc obligé pour les autres de

rechercher dans le texte de la loi, dans le but qu'elle a poursuivi, si elle a ou non entendu admettre la preuve contraire. La loi d'ailleurs ne comptant sans doute pas beaucoup sur la formule qu'elle donnait, a pris soin d'indiquer elle-même dans la plupart des cas, si telle présomption était ou non absolue, et dans la première hypothèse de dire dans quelle mesure et par quels moyens elle autorisait l'admission de la preuve contraire.

270. *Art. 720 et 722.* — Il n'y a pas de question sur les présomptions des articles 720 et 722, puisque par hypothèse elles sont établies pour des cas où les circonstances de fait n'ont pas permis de décider laquelle des deux personnes mortes dans le même événement a succombé la première.

271. *Art. 312.* — La présomption de l'article 312 est certainement une présomption absolue. Elle ne peut tomber que dans les conditions strictement limitées de l'action en désaveu (1). Il y a toutefois une exception dans l'article 325 du Code civil. Lorsque à défaut d'acte de naissance ou de possession d'état, un enfant est obligé de prouver par témoins sa filiation maternelle, la présomption de paternité qui milite contre le mari de la femme qu'il a démontrée être sa mère n'est plus qu'une présomption ordinaire,

(1) Art. 312 et 313 C. civil.

qui peut, même hors des cas prévus par les articles
312 et 313, être détruite au moyen de toute espèce de
preuve contraire (1). La raison en a été donnée par
Bigot-Préameneu dans l'exposé des motifs (2) « lorsque l'enfant n'a ni possession constante, ni titre, ou
lorsqu'il a été inscrit soit sous de faux noms, soit
comme né de père et de mère inconnus, il en résulte
une présomption très forte qu'il n'appartient pas au
mariage. »

272. *Art. 653.* — La présomption de mitoyenneté établie par l'article 653 ne peut tomber que dans
les conditions strictement indiquées par la loi. Cela
résulte du texte qui est impératif. « Tout mur est
présumé mitoyen s'il n'y a titre ou marque du contraire. »

273. Les marques de non mitoyenneté sont d'ailleurs énumérées limitativement par l'article 654, cela
résulte de la relation de ce texte avec l'article précédent et de l'esprit général de la loi.

274. On admet généralement que les titres dont
il s'agit doivent être des actes communs aux deux
parties. Le texte ne le dit pas, mais il est de principe
qu'un titre ne peut être opposé qu'à celui dont il
émane et il n'y a pas de raison pour y déroger ici (3).

(1) Voy. Aubry et Rau. tome VI. p. 15. Note 32.
(2) Locré. VI, p. 201. N° 21.
(3) Voyez Aubry et Rau, p. 423. Note 16.

275. *Art. 1384 et ss.* — Les présomptions de faute établies contre certaines personnes par les articles 1384, 1385 et 1386 reposent sur de puissantes considérations d'intérêt public. La responsabilité qu'édictent ces articles existe par le seul fait que l'on est gardien, maître ou commettant, propriétaire de l'animal qui a causé un dommage ou du bâtiment tombé en ruine. Le texte de la loi aussi bien que le but poursuivi par le législateur exigent que cette responsabilité soit absolue et qu'elle ne puisse cesser que dans les cas strictement limités par la loi. Ainsi, tandis qu'aux termes de l'article 1384 § 5 les père, mère, instituteurs ou artisans peuvent prouver qu'ils n'ont pu empêcher le fait qui donne lieu à leur responsabilité, les maîtres et commettants, pour lesquels aucune restriction n'est établie, ne sont pas admis à décliner la responsabilité à laquelle ils sont soumis en offrant de prouver qu'ils ont été dans l'impossibilité d'empêcher le dommage.

276. La responsabilité de l'article 1385 est absolue et elle ne peut cesser qu'en cas de force majeure ou d'une faute imputable à celui qui a éprouvé le préjudice. Mais le maître de l'animal ne serait pas admis à décliner la responsabilité qui lui incombe en offrant simplement de prouver qu'il ne s'est rendu coupable d'aucune faute et qu'il a fait tout ce qui lui était possible pour éviter le dommage (1).

277. La solution est la même dans l'hypothèse visée par l'article 1386 et elle est fort bien indiquée dans un arrêt de la Cour de Toulouse (2).

« Attendu que pour se soustraire à cette responsabilité spéciale qui résulte de la nécessité de sauvegarder la sécurité publique, le propriétaire de l'immeuble ayant péri par un écroulement subit invoquerait en vain son entière bonne foi et l'absence de toute négligence ou imprudence personnelle et appréciable, que l'article 1386 considère comme donnant ouverture à l'action civile en dommages intérêts, en dehors de toute autre circonstance, le simple fait d'être propriétaire d'un immeuble dont la chute ou la ruine a eu pour cause soit un vice de construction soit un défaut d'entretien ; qu'il crée à l'encontre de ce propriétaire et à l'occasion des fautes démontrées du vice de construction ou du défaut d'entretien *une présomption légale* de faute personnelle de laquelle le propriétaire de l'édifice au moment de sa ruine ne saurait être relevé par aucune considération extrinsèque au fait de l'écoulement. »

(1) Aubry et Rau. tome IV, p. 771. Voy. en sens cont. Colmet de Santerre Tome V. 366 bis. II.
(2) 25 Mai 1892. Sirey. 1892. 2, 221.

Art. 2271 à 2273 et art. 189 C. com.

278. Les prescriptions de 6 mois, d'un an et de deux ans des articles 2271 à 2273 du Code civil et la prescription de 5 ans établie par l'article 189 du Code de commerce sont des présomptions de paiement. Mais ce sont des présomptions absolues. On peut dire en effet qu'en déclarant prescrites au bout de ces différents délais les dettes dont il s'agit, la loi dénie aux créanciers l'action en justice. Et cette solution est confirmée par les termes employés par la loi pour réserver une preuve contraire exceptionnelle contre ces présomptions. « *Néanmoins* ceux auxquels ces prescriptions sont opposées, etc. », dit l'article 2275 ; « *néanmoins* les prétendus débiteurs, » etc., dit l'article 189, §2.

279. Par exception donc, ceux auxquels ces prescriptions sont opposées peuvent déférer le serment à ceux qui les opposent sur le point de savoir si la dette a été réellement payée. De plus, les deux textes autorisent à déférer aux veuves et héritiers le serment pour qu'ils aient à déclarer s'ils ne savent pas que la dette soit encore dûe. C'est ce qu'on appelle le serment de crédibilité ou de crédulité.

280. Il se présente ici une double question.

1° En dehors des personnes indiquées par la loi, y en a-t-il d'autres à qui on pourrait déférer le serment ? Ainsi la question pourrait se poser pour le syndic d'une faillite, le curateur à une succession vacante. Nous croyons qu'il faut se restreindre aux termes de la loi, parce qu'il s'agit d'une disposition exceptionnelle. C'est la solution de la jurisprudence.

2° Etant donné que celui qui invoque la prescription n'est pas de ceux auxquels le serment de crédibilité peut être déféré, que deviendra la présomption de la loi ?

Nous croyons, qu'en pareil cas, la présomption demeure irréfragable : la preuve contraire n'étant pas possible, le principe subsiste.

La jurisprudence a admis une autre solution à propos de l'article 189 du Code de commerce (1). Elle a admis, qu'en pareille hypothèse, le serment de crédibilité ne pouvant pas être déféré, la conséquence était que la présomption de libération n'existait plus.

« Attendu que la prescription de cinq ans édictée par l'article 189 du Code de commerce contre toute action concernant les billets à ordre est *corrélative* à l'obligation par les prétendus débiteurs d'affirmer sous serment qu'ils ne sont plus redevables et par leurs veuves, héritiers ou ayants-cause qu'ils estiment de bonne foi qu'il n'est plus rien dû ;

Attendu qu'un administrateur provisoire d'une

1. *Journal Le Droit*, 10 mars 1893.

succession bénéficiaire, simple mandataire de justice ayant des pouvoirs déterminés et limités par l'ordonnance, n'est pas l'ayant-cause du *de cujus* quant à ce dernier, ayant laissé des héritiers naturels et institué un légataire universel et qu'il ne peut dès lors être astreint ni admis à faire la déclaration de bonne foi qui *seule corrige ce qu'il y a de rigoureux dans la prescription de courte durée dont il s'agit.*

Nous croyons cette interprétation contraire à l'esprit de l'article 189. Que fait ce texte? Il pose une règle qui déclare prescrites au bout de cinq ans les actions concernant les billets à ordre. Puis il réserve la preuve contraire par un procédé particulier. Si ce procédé ne peut pas être employé, il faut en conclure que la présomption légale conserve son effet (1).

281. N'y aurait-il pas lieu d'admettre que la présomption de libération peut être combattue par l'aveu que ferait le débiteur qu'il n'a pas payé? Nous croyons qu'il faut distinguer. Si le débiteur, tout en invoquant la prescription, reconnaît cependant spontanément qu'il n'a pas payé, la présomption tombe. Mais le créancier ne pourrait pas le faire interroger sur faits et articles pour obtenir son aveu. Le débiteur a le droit absolu de se mettre à l'abri derrière

---

1. En ce sens. Lyon, Caen et Renault. *Traité de Droit commercial*, IV. n° 451, p. 304.

la prescription sous la seule réserve, pour son adversaire, de lui déférer le serment.

Art. 1499.

Une question très difficile s'élève sur l'article
1499, qui établit au profit de la communauté d'acquêts une présomption de propriété des meubles
qui n'ont pas été constatés par un inventaire ou état
en bonne forme. « Si le mobilier existant lors du
mariage ou échu depuis n'a pas été constaté par un
inventaire ou état en bonne forme il est réputé acquêt. » Bien qu'écrit au titre de la communauté
d'acquêts, cet article est général et s'applique lorsqu'il s'agit de déterminer en présence d'une masse
de biens, quels meubles sont restés propres aux
époux. Quelle est la force de la présomption établie
par l'article 1499? Est-ce une présomption absolue
c'est-à-dire que l'époux qui veut revendiquer la propriété de biens meubles tombés dans une masse
commune devra nécessairement produire un inventaire ou un état en bonne forme? Est-ce au contraire
une présomption simple et les moyens indiqués par
l'article 1499 ne sont-ils pas donnés seulement à
titre d'exemples?

283. Il est certain qu'on ne peut pas s'en tenir
uniquement à l'article 1499, car l'article 1504 est en
contradiction avec lui. Il admet en effet pour le cas
où des meubles seraient échus à la femme pendant

le mariage et en l'absence d'un inventaire, que la femme peut prouver la consistance et la valeur du mobilier par titres, par témoins et même par commune renommée. Le problème consiste à combiner les deux textes.

284. La question de la preuve des reprises ne se pose pas toujours dans les mêmes termes. Elle doit être envisagée sous différents rapports :

1° Au point de vue des biens : il peut s'agir des meubles acquis avant le mariage ou échus depuis.

2° Au point de vue du droit réclamé : l'époux peut tantôt réclamer la propriété de certains meubles (propres parfaits), tantôt réclamer un droit de créance représentant la valeur de meubles propres tombés en communauté (propres imparfaits).

3° Au point de vue des personnes à l'encontre desquelles le conjoint doit faire la preuve : Le conjoint peut faire valoir ses droits contre l'autre conjoint pour réclamer avant tout partage soit des meubles en propriété, soit la valeur des propres tombés en communauté. Il peut agir aussi à l'encontre des tiers.

La femme peut par exemple s'opposer à une saisie que voudraient faire des créanciers du mari sur des biens qu'elle prétendrait lui appartenir ; elle peut aussi en tant que créancière venir en concours avec les créanciers du mari. Cette triple façon d'envisager la question a donné lieu à trois systèmes.

285. Le premier distingue entre les biens existant au jour de la célébration du mariage et les biens échus depuis. Il applique aux uns l'article 1499 et aux autres l'article 1504.

286. Le deuxième est celui de la jurisprudence. Elle distingue aussi le mobilier présent et le mobilier futur, mais relativement à ce dernier elle fait une nouvelle distinction suivant que le conjoint agit contre son conjoint ou que le conflit s'élève entre lui et les créanciers.

L'article 1504 ne s'applique que dans les rapports des époux entre eux ; dans les rapports d'un conjoint avec les créanciers de l'autre on applique à la lettre l'art. 1499.

287. Enfin le troisième système tient compte des distinctions faites dans les deux autres, mais il en ajoute une troisième, suivant que le conjoint réclame un droit de propriété ou un droit de créance. Si le conjoint réclame un droit de propriété, un inventaire est toujours nécessaire et jusqu'ici le système est d'accord avec le précédent. Mais il s'en distingue en se contentant d'un titre quelconque lorsque le conjoint se présente simplement comme créancier. En effet, dit-on, cette distinction est logique. La demande doit causer dans les deux cas un préjudice différent

aux créanciers et la difficulté de la preuve doit se modeler sur la différence du préjudice.

288. Nous bornons là l'exposé de cette question. L'examen approfondi de la difficulté soulevée sur l'art. 1499 nous entraînerait beaucoup trop loin et nous ferait sortir du domaine des présomptions légales.

289. En dehors des présomptions absolues auxquelles s'applique l'article 1352, § 2 (Art, 911. 1100, 1282. 1908) et de celles que nous venons d'étudier, les autres présomptions établies par la loi admettent la preuve contraire.

La solution est du reste pour la plupart d'entre elles indiquée d'une façon formelle par la loi. Ainsi les articles 1402, 1731. 2268 du Code civil, les articles 559 et 562 du Code de commerce, réservent la preuve contraire. Mais il n'y a aucun doute que cette preuve ne soit admise dans le cas des articles 1332 du Code civil et 638 du Code de commerce, bien qu'elle n'y soit pas formellement indiquée.

290. Comment peut se faire cette preuve contraire? Par tous les moyens du droit commun, titres, écrits, témoins, présomptions de l'homme dans les cas où cette preuve est admise. La présomption légale n'est en effet qu'une preuve faite d'avance par la loi. Si l'on se trouve en présence d'un cas où la partie à qui on oppose la présomption a le droit de prouver le contraire, la situation est la même que

dans un procès ordinaire au moment où une partie
a fait la preuve du fait sur lequel elle appuie sa prétention et où elle attend la réponse de son adversaire. Il n'y a aucune raison de déroger aux règles
de droit commun en matière de preuve. Nous ne
saurions donc admettre l'opinion de Toullier (1),
qui prétend que les présomptions légales ne peuvent jamais être combattues par des présomptions
de fait (2).

*Dans quelle mesure l'aveu et le serment peuvent-ils
servir à combattre ces présomptions absolues?*

291. Il nous reste, pour terminer, à expliquer ce
que signifient les derniers mots de l'art. 1352 § 2 :
« Sauf ce qui sera dit sur le serment et l'aveu judi-
ciaire ». Il semble bien, d'après la construction de la
phrase, que ces mots y ont été insérés pour indiquer
que l'aveu et le serment pourraient, dans certaines
circonstances, fournir un moyen exceptionnel de
combattre même les présomptions n'admettant pas
la preuve contraire. Malheureusement, nous ne trouvons pas au titre de l'aveu et du serment l'indication de ces circonstances ; aussi les auteurs et la jurisprudence ont-ils été obligés de les inventer.

292. La théorie admise par la grande majorité des
auteurs et par la jurisprudence distingue entre les

1. Toullier, X, 63.
2. Voyez Larombière, V. art. 1352, n° 8.

11

présomptions légales absolues fondées sur un intérêt privé et celles fondées par des considérations d'ordre public et d'intérêt général. Elle admet que les premières peuvent être combattues par l'aveu et le serment. Cette théorie a été formulée d'une façon très nette par la jurisprudence à propos de la présomption de l'article 1908 (1).

« Attendu que si en principe la preuve contraire est inadmissible contre les présomptions sur le fondement desquelles la loi annule un acte ou dénie l'action en justice, cette règle générale est, dans tous les cas qui ne touchent pas à l'ordre public, inapplicable à la preuve contraire résultant de l'aveu et du serment de la partie intéressée à exciper de la présomption légale ; que l'aveu et le serment ne sont pas de simples preuves ordinaires dirigées contre celui qui se prévaut de la présomption ; qu'émanés de sa conscience et de son libre arbitre ils font pleine foi contre lui ; que dès lors ils suffisent quand ils sont contraires à une présomption même *juris et de jure* ne touchant qu'à des intérêts privés pour la faire rejeter ; que tels sont tous les sens et la portée de la disposition finale de l'article 1352, C. C. sainement entendue. »

293. Il est incontestable que cette solution pré-

1. Civ. rej. 12 janvier 1875. Sirey. 75. 1. 244.

sente de sérieux avantages. Elle a le mérite de donner un sens à la disposition finale de l'article 1352, § 2 ; elle corrige ce que certaines présomptions légales absolues présentent de trop rigoureux. Mais est-ce la théorie de la loi ? Nous ne le croyons pas.

294. D'une part, en effet, si le législateur a voulu réserver contre certaines présomptions légales une preuve contraire par l'aveu et le serment, il est étrange qu'il ait omis, au titre de l'aveu et du serment, de dire quelle serait cette preuve. De plus, la distinction des présomptions légales fondées sur un intérêt public et des présomptions légales reposant sur un intérêt privé, est purement arbitraire. Mais, ce qui est plus grave, cette preuve contraire par l'aveu et le serment serait du droit absolument nouveau. Elle n'existe pas dans Pothier. Cet auteur compare la présomption *juris et de jure* à l'aveu ; il dit que le serment est une espèce de présomption *juris et de jure* : mais c'est tout. Quant aux présomptions *juris et de jure* de l'ancien droit, par définition même, elles repoussaient toute preuve contraire. Il y aurait donc là une création nouvelle de la loi. Ce serait étonnant dans une matière où le législateur n'a guère fait que suivre la tradition, mais ce qui serait plus étonnant encore ce serait qu'introduisant ce régime nouveau, il n'en soit pas fait mention dans les travaux préparatoires. Ceux-ci, en effet,

sont absolument muets sur la question qui nous occupe.

293. La réunion de ces différentes circonstances
prouve d'une façon aussi claire que possible que la
restriction de l'article 1352, 2, relative à l'aveu et au
serment, n'a pas du tout le sens qu'on lui attribue.
Ces mots ne signifient rien et voici comment on peut
les expliquer. Le Code a donné dans l'article 1350
des exemples de quatre groupes de présomptions
légales. Il s'est expliqué sur les trois premiers et a
donné dans l'article 1352 une formule générale pour
indiquer celles qui sont absolues et celles qui ne le
sont pas. Les mots qu'il ajoute veulent dire simplement que cette formule ne s'applique pas à l'aveu
et au serment qui ont leurs règles propres. Il y a
dans ces mots un simple renvoi aux sections suivantes, attendu que l'aveu et le serment n'ont été
encore l'objet d'aucune disposition particulière (1).

216. Mais, même en admettant la théorie contraire,
nous ne saurions admettre toutes les applications
qu'on en a faites. Ainsi dans l'hypothèse de l'article
911, nous croyons qu'on ne peut en aucune façon
admettre ni la délation de serment, ni l'interrogatoire sur faits et articles quant au point de savoir
si le donataire a été dans l'intention du donateur

---

1. En ce sens Larombière, tome VII, p. 210.

véritablement interposé par rapport à l'incapable. Les présomptions d'interposition reposent en effet sur des considérations d'ordre public très puissantes; elles sont la sanction logique, le corollaire nécessaire des règles d'incapacité établies par la loi. Cette idée est très bien exprimée par Ricard : « Nous considérons deux sortes de personnes tellement jointes ensembles, savoir le père et la mère avec l'enfant et le mari avec la femme que nous les réputons unis et nous estimons aussi les avantages faits en faveur de l'un comme s'ils étaient faits au profit de l'autre. C'est pourquoi, par la raison contraire, les coutumes et les ordonnances prohibant d'avantager l'un des deux, nous étendons leur prohibition à l'égard de l'autre. En effet, cessant cette précaution la loi demeure presque inutile, étant si aisé d'y contrevenir. » C'est dans ces idées que les présomptions d'interposition ont été conçues. Elles reposent sur les mêmes considérations d'honnêteté publique et de moralité qui ont déterminé le législateur à consacrer certaines incapacités de recevoir. Or, ces incapacités ne peuvent cesser par aucun moyen ; par conséquent la présomption d'interposition ne doit tomber en aucun cas.

297. Les auteurs qui ne partagent pas notre manière de voir se divisent en deux groupes : les uns admettent d'une façon absolue la preuve contraire

par l'aveu et le serment ; les autres distinguent suivant que la nullité est demandée par le donateur ou par ses héritiers, et ils n'admettent la délation du serment ou l'interrogatoire sur faits et articles que dans le premier cas (1). Nous ne saurions admettre cette distinction ; le fondement de la nullité se trouve dans la personne interposée, et non dans la personne du disposant ; que ce soit le donateur ou ses héritiers qui agissent, l'intérêt public est le même et la nullité doit s'appliquer sans aucune restriction.

1. Aubry et Rau, t. VIII, p. 165, note 14.

CONCLUSIONS

298. Il nous reste, pour terminer cette étude, à dire quelle est en législation la valeur des présomptions légales. Aussi bien pourrons-nous être très bref sur ce point, car en étudiant ce qu'elles sont nous avons à peu près dit ce qu'elles valent et nous les avons justifiées par avance des plus graves reproches que l'on a coutume de leur adresser.

299. Il est certain que d'une façon générale l'opinion des jurisconsultes ne leur est pas favorable. Et ce sentiment ne se trouve pas seulement consigné chez des auteurs considérables qui ont écrit sur la matière, mais nous l'avons entendu exprimer par des personnes très autorisées qui, sans avoir étudié spécialement la question, étaient cependant très aptes à porter sur elles un jugement sérieux.

300. Faut-il voir dans cette réprobation instinctive et presque générale une manifestation très naturelle contre l'idée de preuve légale dont la présomption est l'expression portée à son plus haut degré? Faut-il, comme nous l'avons dit, songer à des souvenirs funestes qui feraient peser sur notre institution moderne le poids de leur horreur ? C'est possible; mais en tous les cas, il n'y aurait là, je crois, que des questions de sentiment qui ne préjugeraient rien ni en faveur des présomptions légales, ni contre elles, et ce n'est pas la vraie manière de poser la question.

301. On peut concevoir en législation deux systèmes absolus de preuve : celui de la preuve simple, celui de la preuve légale. Dans le premier, tous les modes de preuves sont admis par la loi, et le juge est maître d'assigner à chacun le degré de foi qu'ils lui paraissent mériter. Dans le système de la preuve légale, au contraire, les modes de preuve admis en justice sont limitativement indiqués ; et la loi assigne à chacun une autorité relative, en sorte que le juge n'a pas à se former une conviction, mais à voir si les parties ont fait la preuve exigée par la loi.

302. Ces deux systèmes ont eu, suivant les temps, des fortunes diverses, dont l'histoire, si intéressante qu'elle soit, ne rentre pas dans le cadre de cette étude. Disons seulement que, tandis que le droit romain admettait le système de la preuve simple,

les lois barbares contenaient un système purement formaliste.

303. Notre ancien droit avait en matière criminelle un système de preuve logique jusqu'à l'absurde. En matière civile, après des variations nombreuses, l'ordonnance de Moulins organisa un système mixte qui a été consacré par notre législation et qui a pour base l'exclusion de la preuve testimoniale et des présomptions de l'homme au-delà de 150 fr. (art. 1341 et art. 1353 C. civ.).

304. On a discuté beaucoup et on discute encore, aujourd'hui, sur les mérites comparés des deux systèmes. En théorie il semble bien que le premier soit de beaucoup supérieur, qu'il soit le seul conforme à la raison et que ce doive être aller vers le progrès que d'orienter vers lui les réformes de la législation. En effet, pourquoi interdire à quelqu'un de prouver son droit par tous les moyens qu'il peut avoir à sa disposition ? Pourquoi surtout comprimer chez le juge, en lui imposant une conviction, la faculté innée chez tous les hommes de découvrir la vérité ? Les partisans de la preuve légale répondent à cela que ce raisonnement n'aurait de valeur que s'il était toujours possible au juge de découvrir la vérité, ou, si en cas d'impossibilité d'y arriver, il pouvait s'abstenir de rendre une sentence. Mais si un savant à la recherche d'une découverte

scientifique peut suspendre son jugement, multiplier les expériences avant de se prononcer, et, en cas d'insuccès ne se prononcer jamais ; si en matière criminelle le juge doit acquitter faute d'une conviction suffisante l'individu traduit devant lui ; dans un procès civil le juge est obligé, en tous les cas, de se prononcer en faveur de l'une des parties en cause (1). Or quoi d'étonnant que la loi prenne des garanties, qu'elle interdise dans certains cas des moyens de preuve, dont les dangers sautent aux yeux, qu'elle accorde à des personnes en qui elle place sa confiance le droit de communiquer aux actes accomplis devant elles un degré de foi supérieur, que dans certaines hypothèses, enfin, où la preuve serait particulièrement difficile ou dangereuse, la loi la fasse elle-même et interdise même aux parties de prouver le contraire.

305. Quoi qu'il en soit, il nous semble impossible que l'on puisse admettre aujourd'hui le système de la preuve légale absolue ; nous croyons qu'il ne serait pas souhaitable non plus d'adopter complètement le système de la preuve simple. La vérité nous semble plutôt résider dans un système mixte tel que celui de notre Code civil.

306. En tous les cas, ce qu'il faut discuter, ce

1. Voy. art. 4 Code civil.

n'est pas d'une façon générale, à un point de vue tout à fait supérieur, les mérites comparés des deux grands systèmes, mais si les différentes restrictions mises dans notre droit au système de la preuve simple sont justes et utiles. On pourrait très bien préconiser un système où la preuve testimoniale serait admise toujours sans avoir rien prouvé contre les présomptions légales. Nous avons donc à nous demander si le législateur avait le droit et le devoir de créer des présomptions légales.

307. M. Laurent s'exprime ainsi au sujet des présomptions légales (1) : « Nous comprenons que la loi sacrifie un intérêt particulier à un intérêt général, mais nous n'admettons pas que la loi sacrifie le droit des particuliers à l'intérêt de tous. Le premier intérêt de la société et le plus grand, c'est que les droits des individus soient garantis ; c'est un des fondements de l'ordre social. Donc, si un homme prétend avoir un droit, il faut lui permettre de le faire valoir en justice. Qu'importe que 99 fois sur 100 le procès ne soit pas fondé ? Il suffit qu'une fois sur 100 la loi refuse de faire justice pour condamner une théorie qui aboutit à légitimer l'iniquité ». Et M. Geffroy (2) qui se fait sienne cette critique, ajoute

1. Voy. Laurent, tome 19, n° 619, p. 639.
2. Geffroy, thèse de Doctorat, année 1891, p. 166.

que « les présomptions sont des expropriations mais sans indemnité. »

308. Nous avouons, malgré les termes très violents de la critique, que nous ne la comprenons pas du tout et nous ne voyons pas absolument en quoi elle atteint l'objet qu'elle vise, c'est-à-dire les présomptions légales. Nous reconnaissons que quand un homme prétend avoir un droit, il faut lui permettre de le faire valoir en justice. Aussi la loi ne défend-t-elle à personne l'accès du prétoire. Mais pour triompher il faut des conditions ; il faut faire valoir ses prétentions à temps, employer certaines formes de procédure, il faut prouver son droit et suivre pour cela les règles de preuve imposées par la loi. Quoi qu'il en soit du point de savoir si le droit des individus est antérieur à la société et qu'elle le réglemente, ou si nous n'avons des droits que dans la mesure où la loi nous les accorde, dans tous les cas nous ne pouvons réclamer la sanction de nos droits que dans la mesure où les lois positives nous le permettent. Nous avons des droits, nos voisins ont les leurs et la société a les siens qui sont nécessaires à son existence. Le problème social consiste précisément à régler de la façon la plus parfaite possible les droits respectifs des individus et de la société.

Et alors pour critiquer une loi il faudra prouver qu'elle lèse l'individu au profit de la société ou

qu'elle porte atteinte à la société au profit de l'individu. Au fond, ce n'est pas autre chose que M. Laurent a voulu dire. Seulement il a résolu la question
par la question et affirmé, sans en faire la preuve,
que les présomptions légales étaient des iniquités
sociales et qu'elles sacrifiaient les droits des individus.

309. Ce procédé un peu sommaire de condamnation nous paraît assez peu recommandable ; de plus
l'arrêt prononcé par M. Laurent est absolument
injuste. S'il s'agit des présomptions simples qui permettent la preuve contraire par tous les moyens
possibles il n'y a aucune atteinte portée aux droits
de qui que ce soit ; il y a simplement une interversion des règles ordinaires sur la preuve. On peut
seulement se demander si toutes ces dérogations
sont suffisamment justifiées.

Pour les présomptions absolues, la question est
évidemment plus délicate. Nous en avons distingué
deux espèces ; celles qui ne sont fondées que sur
un intérêt privé, celles, au contraire, qui sont motivées par des considérations d'ordre public.

Les premières se défendent moins bien, car on ne
voit pas pourquoi, dans un seul but d'intérêt privé,
la loi vient dans une question déterminée se poser
juge par prescience d'un fait et interdire à la partie
adverse la preuve du contraire. Cette prétention du

législateur est évidemment exorbitante, mais on peut faire remarquer à sa décharge qu'il ne l'a élevée que dans des hypothèses très rares, dans des cas où des probabilités de fait très fortes servaient d'appui à la présomption de la loi. Dans la théorie généralement admise et qui permet comme dernière ressource une preuve contraire au moyen de l'aveu et du serment, la rigueur de ces dispositions est très atténuée, mais nous ne croyons pas que ce soit le système du Code.

Enfin, pour les présomptions légales qui se rattachent à un intérêt public, nous avous montré (1) et nous n'y revenons pas, qu'elles se justifiaient toutes par des considérations sociales de premier ordre. La plus attaquée, la seule attaquée peut-être, est la présomption d'interposition de personnes. Généralement les auteurs bâtissent à propos d'elle des hypothèses tout à fait exceptionnelles. Ils supposent généralement un ménage où les relations entre époux sont extrèmement tendues, ou même des époux séparés de corps, et en face un donateur qui a des raisons particulières de reconnaissance envers l'un d'eux, et qui est dans l'impossibilité de le gratifier à cause de l'incapacité de l'autre. Nous reconnaissons volontiers qu'il y a là une conséquence fàcheuse de la présomption d'interposition, mais

1. Voyez Nº 23 et ss.

c'est le propre de toutes les dispositions impératives
de la loi, de se trouver dans certains cas en contradiction avec la vérité des faits. Il y a de jeunes intel-
ligences capables avant l'âge légal de gérer leurs
affaires et de comprendre la portée des engagements
qu'ils prennent; cependant celui avec qui ils auront
contracté ne pourra pas leur opposer cette capacité
précoce; un individu qui aura contracté avec un
interdit ne pourra pas faire la preuve de l'intervalle lucide, alors qu'en fait l'aliéné ait pu jouir,
au moment de la convention, de la plénitude de ses
facultés. Est-ce que ces inconvénients empêchent
l'excellence au point de vue législatif de ces deux
règles? De même nous croyons que les présomptions d'interposition de personnes sont une conséquence logique et nécessaire des règles d'incapacité
établies par la loi.

Si la preuve contraire était permise, on donnerait
naissance à une foule de procès qui présenteraient
des difficultés de preuves très délicates, presque
insurmontables. Pour une hypothèse rare en somme,
pour ménager un intérêt privé qui ne sera peut-être
pas toujours très respectable, on soulèverait 99 procès difficilement résolubles, et on risquerait 99 fois
de voir la loi violée. Entre les deux solutions, le
choix s'impose sans hésitation.

310. Nous ne voyons donc pas qu'il y ait lieu de

blâmer en termes si foudroyants, ni le principe, ni les principales applications des présomptions légales, Nous ne prétendons pas non plus qu'il faille approuver et admirer toutes les présomptions créées par le Code civil.

S'il nous était permis de formuler quelques vœux timides, nous demanderions la suppression pure et simple des présomptions des articles 720 et 722. Ces présomptions sont en effet ridicules et elles sont inutiles. Au cas d'impossibilité de reconnaître, dans la situation prévue par ces articles, laquelle des deux personnes décédées a succombé la première, la succession irait aux héritiers naturels des deux personnes décédées. Nous demanderions aussi la transformation en présomptions simples des présomptions absolues qui ne reposent pas sur un intérêt public. Ainsi nous voudrions que la preuve contraire fût possible dans les hypothèses prévues dans les articles 1282 et 1908 ; qu'on admit une preuve autre que le serment pour combattre les présomptions de paiement que consacrent les prescriptions de 6 mois, d'un an et de deux ans des articles 2271 à 2273 et de l'article 189 du Code de commerce ; que l'on pût combattre la présomption de mitoyenneté, par d'autres moyens que ceux indiqués par la loi. Ces différentes présomptions consacrent sans doute des probabilités naturelles, qui correspondent le plus souvent à la réalité des faits ; mais, pourquoi, interdire la preuve contraire ? Pourquoi interdire de démontrer qu'elles puissent dans certaines hypothèses se trouver en défaut ? Il n'y a pas à cela de bonne raison, et le système de la loi mériterait sur ce point d'être réformé.

Quant aux présomptions absolues qui reposent sur un intérêt public, nous demandons qu'on les maintienne telles que le Code les a organisées, c'est-à-dire avec interdiction de la preuve contraire.

Car c'est à cette condition seulement qu'elles peuvent remplir la mission qui leur est dévolue de concourir à la sauvegarde de la société.

VU :

Le Président de la thèse,
LYON-CAEN

VU :

Le Doyen de la Faculté,
COLMET DE SANTERRE.

VU ET PERMIS D'IMPRIMER :
Le Vice-Recteur de l'Académie de Paris,
GRÉARD

TABLE DES MATIÈRES

CHAPITRE III

HISTOIRE DES PRÉSOMPTIONS LÉGALES

CHAPITRE IV

EFFETS DES PRÉSOMPTIONS LÉGALES

CONCLUSION

VALEUR EN LÉGISLATION DES PRÉSOMPTIONS LÉGALES

Laval. — Imprimerie et stéréotypie, E. JAMIN, 8, rue Récordaine.

RED. :

21

graphicom
379 83 70
140 112 90 70 56 45 36 28 22 18 14 11 9 7 125 160
MIRE ISO N° 1
NF Z 43-007
AFNOR
Cedex 7 - 92080 PARIS-LA-DÉFENSE
0 1 2 3 4 5 6 7 8 9 10

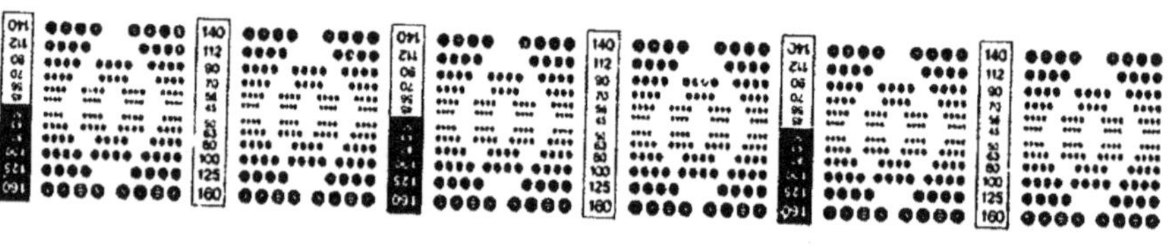